OHSAMA BUNKO

週末朝活

池田千恵

三笠書房

はじめに

気持ちのいい1日は、気持ちのいい朝から！

この本は、

○早寝早起きができたらいいな。気分はいいだろうし、朝活と聞くとなんだか楽しそう

○でも、いつものパターンをガラッと変えて、いきなり規則正しい生活をするのは難しそう……

○平日は何かと忙しく、睡眠時間だけは確保したいから早寝早起きはムリかも……

そんな人のために、週末だからこそできる**「リフレッシュ」「メンタルケア」「体メ**

ンテナンス」「成長を実感」「新しい出会い」「ちょっと非日常」……充実感たっぷりの朝活のヒントをまとめたものです。

私は「早起きトレーナー」の池田千恵と申します。

著書や手帳、コンサルティングを通じて、多くの方の生活時間の朝シフト、習慣化に取り組んでいます。

このような肩書きで活動していると「めちゃくちゃ早起きをしなければいけないの？」と思われる方も多いのですが、その必要はありません。

私が考える「朝活」は、日常がスタートする前の30分〜1時間を自分のために使うというものです。ふだん、週末はその週の疲れで昼前まで寝てしまうという方でも、ちょっとだけ早く起きれば立派な「朝活」ですし、ゼッタイに早寝早起きを強制するものではありません。

誰でもこれまでに一度や二度は、早起きすることで「1日がとても長くて充実した！」と感じたり、「え？　こんなにいろいろ楽しんだのにまだお昼前？」とびっくりしたり、トクしたりした経験はあるのではないでしょうか。

あわただしくすぎてしまう毎日ですが、週末の朝なら、ゆっくりと自分をいつくしむことができますね。

そんな充実感を実感できれば、いい気分が平日まで波及していきます。


ふだんの生活をガラッと変えようと思うと大変そうですが、「週末だけでもちょっとチャレンジしてみようかな」と思うと気がラクになりますよね。この本で紹介している方法は、ものすごく早起きしなくてもできる、ちょっとした心の整え方ですので、やろうと思っていたのにできなかった……と落ち込むこともありません。

なんといっても、週末の朝には、ふだんとは違うリズムで思いのままにすごせるワクワク感が詰《つ》まっています。

楽しく、気軽に、ちょっと真面目《まじめ》に――。

さあ、待ちに待った週末が始まります！

池田 千恵

もくじ

1章

週末朝活でリフレッシュ
「本当の自分」に切り換わる朝時間

2章

週末朝活でメンタルケア

週に一度の「モヤモヤ完全リセット」

3章

週末朝活で体メンテナンス

これがエネルギーチャージの「休み方」

4章

週末朝活で成長を実感

とっておきの学び、遊び、楽しみ

5章
人間関係はもっと自由でいい
週末朝活で新しい出会い

6章

週末朝活でちょっと非日常

「できたらいいなリスト」が実現

イラストレーション　須山奈津希

1章

週末朝活でリフレッシュ

「本当の自分」に切り換わる朝時間

週末の朝ならではの「余白」

朝いちばんで感じたつまずきやイヤな気持ちは1日を左右してしまいます。

たとえば、朝、寝ぐせがうまく直せないまま時間がなくて出かけてしまった日は、1日中その寝ぐせが気になってしまい、ほかのことに意識がまわらなくなったりしませんか？　家族と同居している方は、朝ご飯のときにケンカをして、仲直りする時間もないまま家を出てしまったとき、ずっと家族のことが気になってしまいますよね。

急いでいるときやあわてているときは、あとから考えるとどうでもよいこと、たいしたことがないことにとらわれがちです。

急がなきゃ！　という思いにとらわれていて、ドアが閉まりかけの電車に駆け込んだけれど、その数分を節約して、いいことがあったかな？　点滅《てんめつ》している青信号を見て、あわてて横断歩道を渡ったあと、いいことがあったかな？　あとになって振り返ると、汗だくになっただけで、そんなに急がなくてよかったのに、そんなふうに思うことも多いでしょう。

逆に、段取りよく支度《したく》ができたときや、家族に気持ちよく「行ってきます」が言えたときのように、**朝いい気分に浸《ひた》ることができると、そのあとちょっとへこむようなことがあったとしても、「まあいいか」と、なんとなく許せてしまう**気がしませんか？

このように、朝の気分が1日を左右してしまうのはどうしてでしょうか？　それは、朝の気分に「余白」があるか、それともないかが、大きく影響しているからです。

早起きをして周囲を見わたす余白があれば、自然やいつもの光景が私たちにもたらしてくれている美しさに感動できるようになります。まわりの状況がよく見えるので、「自分が、自分が」と他人を押しのけるような自己中心的な考えは消え、周囲に配慮できるようになります。

いろいろなことでいっぱいいっぱいだった自分を、朝の時間に、上からながめてみるように分析すると、仲間や家族や友だちが、あなたの頑張りをそっと見守っていることに、きっと気づきます。

さまざまな周囲のはからいや思いやりに、感謝の気持ちがわいてくることでしょう。

こうして、朝いちばんに感謝の気持ちをもつことができると、「日々の出来事には、うれしいことやありがたいことがたくさんあるのだ」と意識が変わります。

優《やさ》しい気持ちになれるから、そんな自分が好きになり、よりいっそう、まわりにも優しくなれるという好循環《こうじゅんかん》も生まれます。

「朝に時間を取るなんて忙しくてムリ」という人も、週末ならどうでしょうか。

これまでの土日より30分から1時間早く起きてみる。それだけでも休みの日の満足度がぐんと上がる「週末朝活」のヒントをご紹介していきます。

「テキパキしなくてもいい」のも週末の特権

「朝型の人」という言葉で思い浮かぶイメージは、「効率的にテキパキ物事を進める人だ」というものが多いようです。「なんでも効率的に詰め込んで、あれもこれも要領《ようりょう》よくやっていくにはどうしたらいいですか？」と、私もよく聞かれます。

それは自由な時間が限られている平日の話。週末朝までそんなことを考える必要はありません。

週末ならあえて非効率だと思うようなことを考える余裕をもつことができますし、いままで「まあいいか」と見過ごしていたことや、ちょっと心がざわざわするような、気にかかっていた出来事も、腰をすえてじっくりと考えることができます。だから私は朝の時間が好きなのです。

週末まで「効率的にすごさないと！」とあせってしまう場合は、もしかしたら週末に遅くまで寝ているせいで物理的に時間が足りないのかもしれません。

ちょっと早く起きれば、効率的にすごさなくても、じゅうぶん時間があります。だから、早起きするときこそ、**あえて一見ムダだと思うことや、いままでちょっとめんどうで考えるのを避《さ》けていたことにも挑戦**してみてほしいのです。

平日で何か物事に行き詰まったとき、週末にふとアイデアが思い浮かぶこと、ありますよね？

たとえば、あなたが仕事の企画を考えているときのことを想像してみてください。「よし、これから企画を考えるぞ！」と、パソコンの前でうんうんうなっているときに、はたしてよい企画が生まれるでしょうか。

むしろ、企画のことなんてすっかり忘れて、お風呂でぼーっとしているときや、友だちと遊んでいるときに思いついたりしますよね。だから週末くらいは「効率的にテキパキと……！」といった考え方を忘れてほしいのです。

もちろん、一所懸命に企画を練《ね》ることは大切ですが、根を詰めて、そのことだけを考える以外は何もしない、そんな状況をつくったからといって、よいアイデアが生まれるとは限らないのです。

平日のパターンをくり返すことをやめ、週末の朝に余白をつくれば、ふだんは思いもしなかったようなところに突破口が見つかるかもしれませんよ。

最高の自分で土日を始めよう！

朝いちばんで自分を大事にし、心と身体のメンテナンスをする時間を、私は「セルフチューニング」の時間と呼んでいます。

楽器を演奏したことがある方ならご存知かと思いますが、ほとんどの楽器は使う前に必ずチューニングをしますよね。

チューニングは、演奏する前段階で、楽器がもっている能力を最大限発揮できるよう調整する作業。繊細《せんさい》な楽器は、温度や湿度によって状態が左右されるから、いつでも必ずチューニングが必要になります。

私は、この作業は、楽器だけではなく、人間にも必要なことだと考えています。

くり返す毎日。

いつも自然によい気分でいられる人は幸せです。

でも、ふつうの人は、さまざまな出来事のなか、浮き沈みが当然あると思います。

浮き沈みがある毎日のなかでも、せめて週末くらいは自分の気分をよりよい方向にもっていくために、1日の始まりに、今日の段取りや、将来の夢、計画、1週間の振り返り、いま自分が直面している出来事の意味などを、腰をすえて考える時間をつくってみませんか？


平日の落ち込みや心の乱れを調整し、最高の自分になってから週末をスタートさせる一連の作業。

それが、「セルフチューニング」です。

自分という「楽器」を調整することで、あなたが望む未来をつかんでいきましょう。

「朝の余白時間」の効用

私が、早起きをしていてよかったなあ、と思うのは「遊び」があることです。「Play」という意味の「遊び」もそうですが、車のハンドルの「遊び」のように、朝に「余白」をつくることで、ふだんは考えないようなことを考える時間がもてるのです。

「余白」があれば、予想外の出来事にあわてることも減ります。

たとえば、天気予報が外れて、起きたら雨が降っていた！　なんてときもすぐに気持ちを切り換えて雨用の靴や服、髪型を考えたり、家族の送り迎《むか》えの段取りを見直したりすることができます。

いままで慣《な》れ親《した》しんだ習慣を変えてみる「遊び」の時間も生まれます。

たとえば、昼すぎから予定がある朝にぎりぎりまで寝ていたら、あわてて着がえて家を飛び出すことで精いっぱいになりますよね。

でも早起きをしていれば、**買ってそのままにしていた本にゆっくり目を通してみたり、電車のなかですごす時間のことを考えて有意義《ゆうい ぎ》な支度をしたり、**といったことができます。

わざと**ひと駅前で降りて散歩しながら目的地に向かってみる**こともできるし、**目的地付近にある大人気のカフェの特等席に座れる**かもしれません。

一つひとつは小さな冒険ですが、ちょっとした変化を自ら生み出すことで、毎日がいつもとは違ったものになります。

心の余裕は時間の余裕から。切羽《せっぱ》詰まっている状態でいるよりも、時間にスキマがあったほうがいい。

なぜなら、そのスキマにすっと、新しいアイデアや素晴らしいチャンスが入ってくるからです。

自分を磨かなくても大丈夫

週末の朝を大切にすることによって、「自分を大事にしているんだ」という実感がもてるようになります。

○時間に余裕があるから、**ゆっくりと朝の支度**ができる
○美味《おい》しいご飯を、**よくかんで味わって食べる**ことができる
○**シャワー**で軽く汗を流したら、お気に入りの香りにつつまれながら、ボディオイルで身体を**マッサージ**することができる
○道ばたに咲く**花の香りに癒《いや》されながら**駅まで向かうことができる
○予定がある日も、**じっくりと1日の段取りを考える**ことができる
○**手帳**を広げて、将来ああなったらいいな、こうなったらいいな、と自由に想像を

広げ、**やる気をみなぎらせる**ことができる

あわただしいなかでは見逃しがちな、自分自身の心と身体のメンテナンスを一つひとつ楽しめるのは、早起きしている人だけの特権です。

早起きを頑張ろうと思っても続かない人は、「早起きしたら、何か真面目なことをしないといけない」と気負《きお》ってしまっているのかもしれません。

早起きしてまで、あくせく何かに取り組まなくていいのです。そもそも「やらなきゃ！」と思って始めた習慣は、長くは続きません。

まずは土日の朝というワクワク感を身体いっぱい感じてみましょう。「やらなきゃ！」の強迫《きょうはく》観念から自分を解放してあげましょう。楽しさをまず感じることができたら、自然と何かをやりたい気分になってきますから。

○**「早起きできた私って、ちょっと偉《えら》いかも」**という少しの自信

○**「たっぷりある時間で、何をしよう」**というワクワク感

○「どんなにつらい夜をすごしてもちゃんとお日様は昇《のぼ》ってきて、朝は誰にでもやってくる」という、あたりまえでいて**素晴らしい自然の摂理《せつり》**

○太陽の光をあびて、自分がまるで植物になったかのように光合成して**エネルギーが満ちていく**イメージ

そんな朝の素晴らしさを、身体全体で味わう余裕が感じられれば、早起きはつらいものではなく、楽しいものだと気づくはずです。

「金曜夜」から週末は始まっている！

1日の終わり、寝る前に、ほっとできる自分だけの時間をつくる方は多いでしょう。それが金曜日の夜ともなればなおさらです。

それもよいかもしれませんが、夜の場合は「気がついたら夜更《よふ》かししすぎた……」ということになりがちです。「時間ができたらほっとひと息つこう」と思っているうちは、いつまでも心からリラックスすることができません。

「ほっとする時間」は、そもそも優先順位が低いと考えられがちです。

本当は、自分にとって大切な時間なのに、「優先順位が低い」ととらえてしまうと、平日は残業や気乗りしないつき合いに時間を取られ、結局「取れたら取ろう」と思っていた時間はあっという間にすぎてしまいます。

平日の夜に「ほっとする」という考えを切り換えて、土曜日や日曜日の朝にほっとすることで、自分を癒してあげましょう。平日は家族のために、会社のために、と頑張っているあなた。ちゃんと、自分をメンテナンスする時間、つくれていますか？

自分をきちんと大事にしてあげる時間の優先順位が低くあってはなりません。週末の朝なら、自分の意志次第で時間をつくることは可能です。

たとえば、私が楽しんでいるような、次のような余白を楽しんでみませんか？

先日は、朝6時半から、誰もいないホテルのロビーをひとり、2階から見下ろして、ゆったりと週末の計画を立てました。ふだんは人が忙しく行《ゆ》き交《か》う**高級ホテルをまるごとひとりじめ**し、貸し切り滞在《たいざい》しているような贅沢《ぜいたく》な気分になりました。

また、朝食のピークがくる前のホテルのレストランは、お店の人にも余裕があるため、より丁寧《ていねい》なおもてなしを受けることができます。その日は、「大切にされている」という実感を得ながら、1日をスタートさせることができました。

また、ある週末の朝は、お気に入りの**海辺《うみべ》の神社に、日の出前に**向かいました。朝日がじわじわと昇り、徐々に明るくなっていく海面をながめつつ、太陽の光を身体いっぱいに受け止めていると、自分がまるで太陽電池になったような気持ちになって、エネルギーチャージができました。

自宅から駅まで向かう途中に、私がひそかに「太陽の道」と名づけている道があります。道路がまっすぐ続く先を、パアッと太陽が照らしていて、日の出のときに通ると道全体が橙色《だいだいいろ》に輝いているのです。この道を通るだけで、「今日一日、絶対にうまくいく！」という気持ちが静かにわいてきます。

「そんな朝早く起きられない……」という方でも大丈夫です。

朝7時すぎに起きられれば、開店直後のショッピングセンターやジム、美容院に向かうことができます。ピカピカの空気や元気なスタッフと接することができて、気持ちが上がります。

家族がいる人は、パートナーやお子さんに「今度の土曜日の朝、**近所の公園やお寺までウォーキング**しようよ！」と提案してみてはどうでしょうか。

我が家の近所には、都内有数の大きさを誇る公園があり、春は桜やタンポポ、初夏は菖蒲《あやめ》や紫陽花《あじさい》、夏は向日葵《ひまわり》、秋は彼岸花《ひがんばな》と、四季の美しさを全身で感じることができます。

朝からウォーキングでカロリーを消費すれば、そのあとのブランチや晩ご飯のカロリーを気にする必要はなくなります。好きなものを、幸せな気持ちでいただくことで、格別に美味しく感じます。

週末の朝にわざわざ早起きというと、ストイックで、自分に厳しくて、ちょっとした甘えも許されなくて……と思われがちですが、私にとっては、じつはいちばん自分を甘やかせる時間なのです。だって、仕事や家事の雑音が入らずに、自分の思いどおりに、自由に使える時間なのですから。

人間ですから、誰でも気持ちのブレがあるのは当然です。心がざわついたり、理由もなく落ち込んだりすることもあるでしょう。

そんな自分を、本来のニュートラルな状態、きちんと正しく判断できる自分に戻してあげるひとときを、朝の落ち着いた時間につくりましょう。

平日のモヤモヤを完全リセット

平日を忙しくすごしていると、日々の思い込みや、周囲への配慮のしすぎで気疲れしてしまい、頭のなかの混乱や心のモヤモヤをしっかりと見すえる時間がなかなか取れませんよね。

週末の朝、早起きしてできたたっぷりの時間で、そんな「平日のモヤモヤ」をほぐしてあげませんか？

朝、じっくり腰をすえて自分と向き合う時間を取ることで、頭と心が整理され、自分は本当は何をやりたいのか、どう動けばいいのかがクリアになります。

モヤモヤが晴れると、平日の自分も変わり、人との出会いの質も変わってきます。その結果、人生はどんどんうまくまわりだすのです。

行動する前に具体的にイメージする習慣が身につけば、いまの自分のプランを、近《きん》視《し》眼《がん》的にではなく、客観的に把握することができるようになります。

考えすぎて動きだせずに悩むことなく、「えい！」と一歩を踏み出す勇気をもてるようになります。

リスクをおそれて縮《ちぢ》こまることなく、仮に失敗してもきちんとそれを分析し、次に活《い》かす力がつきます。

自分だけでなく、相手のことも大事に思って行動することができるようになります。

週末の朝の時間で、平日のモヤモヤをほぐすことが習慣になると「自分とこれだけ向き合えた！」と充実感がわいてきます。

その結果、「あとは何があっても、もういいや！」「やるだけのことはやった」と、腹をくって、思いっきり飛ぶことができるのです。

「気がつけば休日が終わっている……」にならないために

「週末の早起きは素晴らしい！」とお伝えしたあとに、こんなことをお話しするのもなんですが、じつは、「早起きすれば、自動的にリフレッシュできる」というわけではありません。

早起きはしているのに、つい、「テレビをダラダラ見ていて時間があっという間にすぎてしまった」「やってみたいと思っていたことが思うようにできず、あっという間に休日が終わってしまった」……そんな経験をおもちの方も多いでしょう。

テレビを見たり、ぼーっとしたりすることが悪いわけではありません。なんとなく、気づいたらそうなってしまった、という状態がよくないのです。

そこで、意識して有意義な時間をつくるのにおすすめなのが、**手帳をうまく活用す**

ていきましょう。

ることです。手帳に記入することで、「大事なことに時間を使う」という環境を整えていきましょう。

なんとなく「早起きしたい」と思っているだけでは、眠気に負けてしまいます。**「明日の朝7時に起きてランニングする」「朝6時半に起きて、資格試験の勉強をする」など、自分のやることをきちんと手帳に記入しておく**ことで、自分に軽いプレッシャーを与えると、決めたことをやり抜く確率が高まります。

手帳に記入するのを習慣にしていけば、時間どおりにできたか、できなかったかが明白になって、できなかったときは何が問題だったのかを振り返ることができます。

自分の行動予定を前もって手帳のスケジュール欄に記入し、その後、スケジュールどおりに行動できたかどうかを管理するのです。

「週末まできっちりスケジュール管理するのはイヤだ！」と思われたかもしれませんが、そういうわけではありません。たとえば、プライベートで旅行に出かけるというとき、どこに行くか、何をするか、いつ行くか、そのために必要なお金はいくらか、いつまでに、何を準備しなければいけないかなどをいろいろ計画しますよね。週末の朝の時間も同じように管理していくのです。

「管理」という言葉の響きから、「どうしてプライベートまで管理していかなきゃいけないの？」「堅苦《かたくる》しいし、めんどうくさい」と思う方もいらっしゃるでしょう。

でも、「管理」は「強制」や「規則」ではありません。この段階でしっかりと時間を意識することができれば、そのぶん自由な時間が増えますし、何より、自分はちゃんと決めたことを実行できる人なんだ！　という自信にもつながります。

「平日にはムリ……」ならこの週末から！

「今週末こそ！」と、何度も固く誓《ちか》っても、習慣化するまでの道のりが険《けわ》しいのが早起きです。

目覚ましのスヌーズ機能を駆使《くし》し、一瞬のまどろみに幸せを感じながら、「まどろみきってしまって、今日も起きられなかった」と、ため息の朝を迎えた人もいることでしょう。「早起きは三文の徳」、そんなことわざ、もう聞き飽《あ》きた！　と枕《まくら》を投げてしまいたい朝もあるかもしれません。

早起きは地味なひとり作業です。寝坊したからといって、すぐにそれが重大な失敗につながるわけではないので、「まあいいか」と妥協しがちです。

また、結果が出るまでにタイムラグがあります。早起きを2回や3回続けたところで、いままでの自分の人生が一瞬で輝き始める――そんな魔法があるわけではないので、途中で、もうやめた！　とあきらめたくなる日もあることでしょう。

でも、考え直してみてください。

今週末は早起きをする！　と「決めること」は、毎週できますよね。仮に今回は失敗したとしても、来週また頑張ろうと決心すれば、1年中いつでもチャレンジできる、ハードルが低い挑戦なのです。

「挑戦」というと、エベレスト登頂とか、起業して成功とか、大きなものに立ち向かうようなイメージがまず浮かぶかもしれませんが、早起きだって、**「よし、今週末こそ早起きしよう！」と決めて実行することは立派な挑戦**です。自分の意志の力でつくりだした朝の時間に、心と身体の調子を整えて、いつでもスタートダッシュできる状態にもっていくことができたなら、なんでもできる気がしませんか？

あなたが「早起きをすると決める」、その挑戦をあきらめないのは、その先に、なりたい自分があるからではないでしょうか？　何度挑戦しても早起きできない、と考えるのではなく、何度だって挑戦できるんだ、そうとらえてみましょう。

早起きが習慣となるのは、毎週の積み重ねの結果です。毎週チャレンジできるチャンスがあるって、ステキなことだと思いませんか？

コラム1

「平日」にもよい影響が！

大量にたまったメールの返信、突然のミーティング、クレーム処理などで朝からてんてこ舞い。

あれもこれも同時にやらなくてはいけない。冷静になるんだ、落ち着け私。

でも、そんなときに限って、上司から「いますぐやって！」なんていう仕事が降ってくる。ついムカッときて「できません！」と断ってしまった。

あとで考えたら、あそこで「できません」なんて言わなきゃよかった。テンパってなかったら、ちゃんと手順を上司に聞いて、優先順位をじっくり考えることもできたのに……と落ち込む。

そんな悩みも、早起きすればなくなります。

朝の時間で余白をつくり、きっちりと段取りを考えることができるからです。

これまでの失敗や反省、今後の展望や計画を、あらためて書き出して、仕事のシミュレーションをきちんとすませておけば、急な出来事にも落ち着いて対処できるようになります。

気持ちに余裕があると、「こう言ったら、相手はどう思うかな?」と、ちょっと立ち止まることもできるから、「できません!」「いま忙しいんです!」なんて言葉も出てこなくなります。余裕があるので、相手に対して細やかな思いやりの気持ちも生まれるようになるのです。

このコラムでは、**朝を「自分への投資の時間」としてとらえ、どんな準備をすればよいかについて、また、自分の意思だけではつくれない余白を、どうやってつくっていくか**について紹介します。

「残業続きの毎日……」でも

「私の会社は残業体質だから、そもそも早起きなんてムリ」とあきらめている方もいらっしゃるかもしれません。でも、あきらめる前に、もしかして必要のない残業をしているのではないか？　自分が変われば、残業は減る可能性があるのではないか？と、朝の時間に立ち止まって考えてほしいのです。

その際、考えるポイントは大きく2つ。

○**「指示待ち残業」**をしていないか
○自分なりの**「見極めポイント」**をつくっているか

「指示待ち残業」とは、あなたがきちんと確認さえしていれば防げたはずの残業です。

たとえば、上司に企画書作成の指示を受けたときに、何に使うか、いつまでに使うかなどを確認しなかった。そのまま、上司が出かけてしまい、チェックしてもらうために、上司が帰社するのを定時後も待ち続けた……そんなことのないようにしましょう。

「見極めポイント」とは、自分のなかで「これでよし」という基準をきちんと決めているかということです。仕事は、時間をかければかけただけ、いいものができるとは限りません。自分なりの基準を決めておかなければ、いつまでたってもダラダラ残業から逃れることができないのです。

とはいえ、「見極めポイント」を設定するのは難しいもの。そこで朝の時間の出番です。

ほかの業務に邪魔されない朝に、自分の過去の成果を振り返ってみましょう。見切り発進をしてうまくいかなかった事例、わりきったおかげでうまくいった事例を経験値として積み上げていきます。これをくり返すと、徐々に見極めポイントが見えてきます。

朝、シミュレーションを行なうだけで、心に余白が生まれます。心に余白がある人は、仕事に対する取り組みも丁寧になります。丁寧な仕事は好感がもたれ、評価も上がります。評価が上がれば、信頼が増し、発言力も高まります。

「自分締切」をどう設けていますか

残業体質の会社でも、余白をあきらめないコツをもう一つ。相手から設定される締め切り日のほかに「自分締め切り日」をつくることです。

「今回は余裕があるな」と思ってのんびりしてしまったときほど、直前になって想定外の事態が起きたり、割り込み仕事が発生したりと、バタバタしてしまうことが多くなりますよね。バタバタすると、本来ならありえないような凡ミスをしてしまったり、不本意な状態で提出せざるをえなくなったりと、よいことがありません。

ですから、頭のなかで**「自分締め切り日」を数日前倒しで設定し、残りの1～2日は予備日にする**ことを心がけましょう。

ただし、頭で思っているだけでは、なかなか実行できないのが実情。だから私は、なるべく相手に期限を宣言してしまうようにしています。

「だいたい、今月の中旬ぐらいに戻してね」くらいのゆったりとした締め切りのときでも、「ハイ」とそのまま受けて終わりをあいまいにせずに、「では、15日に戻しますね」と宣言してしまいます。

すると、宣言した手前、その約束を破《やぶ》ると自分がすごく恥ずかしい思いをします。そのプレッシャーを前向きに利用するのです。

「○日までにお返事します」と自分で決めることで、相手次第だった日程の調整も、自分で主体的に決めたんだという気持ちになることができます。

仕事ばかりでなく、気乗りしないイベントの誘いを断るときも、なるべく早く連絡します。どんな言い訳をしようかと迷っている間にも、相手は、あなたがくるかこないかわからないので、人数の調整ができず、困っているかもしれません。相手を不安にさせないのも、また思いやりです。

なんでも主体的に、早めに返事をして日程を決めるクセを少しずつつけていくことが、自分の時間も、相手の時間も大切にすることにつながるのです。

2章

週末朝活でメンタルケア

週に一度の「モヤモヤ完全リセット」

週末は「モヤモヤの棚卸し」のチャンス

私は、大学を卒業して新卒で外食企業に入社しましたが、そこでは、月末に棚卸《たなおろ》しがありました。

棚卸しとは、「決算や毎月の損益計算などのため、手持ちの商品・原材料・製品などの種類・数量などを調査し、価格を評価すること（『大辞林』第3版）」です。

正直いってめんどうでたいへんな作業でしたが、この作業を定期的に行なわないと、利益がどれだけ出ていて、ムダがどこに隠れているかがわかりません。

また、棚卸しをすることによって、モノが置かれっぱなしでホコリがかぶっていた場所もキレイに整理できるので、気持ちも新たに物事を進めることができるようになります。最初はほとんど目に見えないホコリも、積もり積もると大きな綿ぼこりになったり、床にこびりついたりして掃除がとてもたいへんです。そうなる前に、こまめにちょこちょこキレイにしておくことが必要でした。

私は、「棚卸し」と「頭の整理」は似ているな、と感じています。**頭のモヤモヤという「ホコリ」をためないように、頭の整理を定期的な習慣にしてしまうのです。**「あとでやろう」などと、ぼんやり思っているだけだと、肝心なときに忙しくなってしまい、めんどうくさくてできなくなったりしますよね。

そんな頭のモヤモヤの整理を、キレイにやってしまえるのも週末の朝がチャンス！　あとでやろうと思うとおっくうなことも、早い時間からササッと進めておけば、思いっきり遊べます。

これが習慣化できれば、やったりやらなかったりして、気がつけばホコリが積もってどうにもならない！　ということがなくなるのです。

週末こそ手帳が活きる

モヤモヤ整理は、自分の心のなかを書き出すことで進めていくのですが、パソコンやスマホより、紙のノートや手帳に手書きすることをおすすめします。

パソコンやスマホだと、「いまから頭の整理をしよう」と思ってテキストファイルやメモ帳を開いても、集中力があっちこっちにそれてしまい、気づいたらＬＩＮＥやインスタグラム、ユーチューブやネットをチェックしてしまう、ということがよくありますよね。パソコンやスマホは便利ですが、なんでもできてしまうがゆえに、かえってその機能に翻弄《ほんろう》されてしまいがちです。

ノートや手帳なら、「書く」「読む」しかできない環境に身を置けるため、余計なことに気を取られないですみます。

私の場合は、次のような項目を、週に一度、朝の時間に定期的に整理して手帳に書き出すようにしています。私がプロデュースしている『朝活手帳』では、毎週月曜日に整理する仕様になっていますが、ここでは、時間にたっぷりと余裕がある、土日で整理する方法を紹介します。

ノートや手帳に書き出すのは、次の5点です。

1　連絡したい人
2　今後進めたいプロジェクト
3　将来やりたいこと
4　提出する課題
5　読みたい本や資料

ポイントは、「こんな細かいことまで書く必要があるのかな?」「今週中にできるのかな?」などと迷う時間を自分に与えず、気になったことはとにかく全部書き出すこと。頭のなかをぎゅーっと絞《しぼ》りきるようなイメージです。
あとは1週間、折に触れてこのリストをながめ、完了したものを赤ペンでどんどん消していったり、新しい予定や作業を追加したりしていくのです。

正体不明のモヤモヤが続くのは、実は「ずっと気になっているのに取り組めていない……」「あの人に連絡するのを忘れないようにしなきゃ……」ということを、頑張って頭や心にキープし続けているからだったりします。この書いたり消したり加えたりしたものが、そのままあなたの頭のなかの代わりをしてくれます。
すると、**頭と心に余白ができたぶん、ワクワクすることを考えたり、心から週末を楽しんだりすることができる**ようになるのです。

また、このリストを週末の朝のうちに整理しておくと、お出かけした先で行列に並ぶことになったり、約束していた友だちが遅れたりしているときなどでも「いまはリストの気になっていることをつぶすチャンスだ」と、前向きにとらえられます。イライラすることが激減するので、おすすめの方法ですよ。

「予定」を書き込む心地よさを味わおう！

頭のモヤモヤが整理できると、スッキリと気持ちがいいものです。しかし、整理するにはある程度の時間が必要です。じっくり腰をすえて考えなければいけないし、「モヤモヤ解消は先送りにしたいなぁ」という気持ちも働くため、取りかかるのが少しおっくうなときもあります。

そんなおっくうな気分を取り払いたいときも、お気に入りのノートや手帳の出番です。

ノートや手帳は開くと自動的にワクワクするような、自分にとっての心地よさを重視したものを選ぶことをおすすめします。色はもちろん、紙質や書き味のスムーズさ、手触りも重視し、良質なものを厳選しましょう。

私は、いままでさまざまなノートを試してみた結果、おすすめのノートには次の3つの特徴があることがわかりました。

1　罫線《けいせん》はなし

2　紙の色は真っ白ではなく、クリーム色

3　紙質は厚手でハリがあり、ペンのインクがにじみにくい

罫線なしのノートをおすすめするのは、思考を制限させないためです。罫線が入っていると、「罫線に沿ってキレイに書かなければいけない」と思考にブレーキがかかり、自由な発想の妨《さまた》げになるような気がします。

紙の色は、真っ白だと照明が反射し、目がチカチカしてしまいます。クリーム色なら、長時間ノートを開いていても疲れにくいですよ。

ノートの紙が薄いと、あとで見返すときに不便ですよね。乱暴にめくるとページが飛んでしまって目的の箇所にたどりつくのに時間がかかってしまいます。

厚手でハリがある紙質なら、多少あらっぽく扱っても、ヨレずに早く目当ての箇所に行きつくことができてストレスがありません。

にじみにくく、書いていてスルスルとすべるような書き味のものを選ぶことも重要です。せっかく気分が乗ってきたのに、ペンが紙に引っかかったり、にじんだりすると、とたんにやる気が失せることは多いものです。

この3つの特徴を参考に、ぜひ、あなたのお気に入りの一冊を選んでみてくださいね。

週末に「ブルー」をもち込まないために

私は**「夜のクヨクヨより、朝のクヨクヨ」**を提案しています。

夜、悩み始めてしまうと「この世の終わりだ」というくらい落ち込んでしまうようなことってありますよね。とりわけ金曜の夜は、その1週間にあったことをいろいろと振り返ってしまうことがあります。その結果、ふだん以上に夜更かししたり、お酒やネットショッピングでストレス発散したり……。

そんなときは、どんな1週間であっても、夜はさっさと寝て、悩みを朝にもち越します。すると、土曜日の朝になって「なんでこんなことで悩んでいたのかな？」と不思議に思えてくるのです。

たとえば、仕事で大きな失敗をしてしまったとき。家までの暗い帰り道で、「ああすればよかった」「こうすればよかった」とため息をつくことは誰にでもあります。

私の経験では、夜、失敗についてクヨクヨ考えていると、「私は悪くない」「上司だってあんな言い方しなくてもいいのに」「どうして私って、いつも失敗してしまうのだろう」「時間を巻き戻したい」といったように、問題そのものではなく、問題の結果生まれた感情や、どうしようもないことにフォーカスしてしまいがちでした。これでは、せっかくの休日前夜というのに、もったいないですよね。


問題を先送りするのは、一般的によくないことだと思われています。

でも私は、いろいろな問題を夜中にクヨクヨ思い悩むよりは、さっさと寝てしまって、早く次の朝を迎えるほうがよっぽど生産的だと感じています。

このように感じるようになったきっかけは、社会人1年目の苦い経験からでした。


私は新卒で入った外食企業で、何も仕事ができないのに、権利だけは主張する勘違い社員でした。このままでは管理能力を問われて自分にも被害がおよぶと思ったのか、当時の上司は、ありがたいことに私のダメなところをいちいち、徹底的に注意してくれたのです。それこそ、掃除の仕方から、上司への口のきき方、あいさつの仕方まで も。一挙一動を毎日注意されっぱなしでした。自分のふがいなさが骨身《ほねみ》にしみて、悔しくて泣きながら帰った夜もありました。

そんな、泣いて帰宅したある夜に、「もういいや、寝ちゃおう。明日いろいろ考えよう」とふと思ったのです。

次の日の朝、いつもより早めに起きて近くのファストフード店に入り、上司に注意されたことを淡々と手帳に書き出していきました。

すると、思わぬ効果が。前日の夜は、あれほど「悔しい」とか「あんな言い方しなくても」「もう辞めてやる!」と思ったことなのに、**ひと晩たって冷静になって書き出すと「ああ、上司がそう言うのももっともだな」「ここを直せばいいんだ」と、ニュートラルに考えることができる**ようになったのです。

ネガティブな感情でパンパンになって、冷静な判断をするためのメモリの余裕がなかった頭が、スッキリとキレイに片づいた瞬間でした。

「頭のメモリ」が空いたら

頭のメモリを空《あ》けることができたら、いよいよ余白を使ってさまざまな未来について考えていきましょう。たとえば、朝の空気のなかで、ネガティブになってしまう気持ちをあえて分析してみるのもおすすめです。

先日もへこんだり、怒ったり、落ち込んだりすることがあったので、「どうしてあのとき、ネガティブ感情が生まれてしまったのだろう」ということについて、朝、あれこれ考えてみました。

その結果、気づいたのは「ネガティブ感情になってしまう自分ってダメだ……」と思ってしまうと、余計に悪いスパイラルに入ってしまう、ということでした。

ネガティブ感情そのものがいけないのではないのです。神様じゃないんだから、どんな人でも365日24時間ポジティブ、ということはありえません。

さらにいけないのは、次の2つです。

1 ネガティブ状態から自分ではい上がれず、いつまでもひきずってしまうこと

2 自分が「ネガティブ状態になっている」ことを認めずに、ポジティブなフリをすること

認めたくない気持ちを、ないことにしてフタをすると、あとでじわじわと、身体や心がむしばまれていきます。かといって、ネガティブな状態を周囲にぶつけることは、一時的にスッキリしても根本的な解決にはなりません。

だからこそ、自分で立ち直る「セルフリカバー」力をいかに身につけるかが大切です。セルフリカバーの速度が早くなれば早くなるほど、成長した、ということになるのではないかと思います。ネガティブなことをふだん以上に考えなくてよいのが、週末の朝の空気の魔法です。なぜ私はいまネガティブになっているのだろう、と気になったなら、朝に分析するのがおすすめですよ。

平日と週末を「最高気分」でつなげるスイッチ

「夜のクヨクヨより朝のクヨクヨ」とお話ししましたが、悩みが深すぎると、さっさと寝ようと思ってもなかなか眠りにつけないことがありますよね。

そんなときにおすすめするのが、**夜と朝の「よかった探し」サンドイッチ**です。

金曜日の夜、寝る前に、1週間を振り返り、ささやかでもいいから「よかったこと」を数えてみると、比較的おだやかな眠りにつくことができます。どんなにつらい日だって、**「ランチタイムに初めて入ったお店が、予想外に美味しかった」**とか、**「帰りの電車で座れてラッキーだった」**など、ちょっとしたよかったことは、必ずあるはずです。1週間を感謝の気持ちで締めくくると、睡眠の質もよくなる気がします。

眠りから覚めたら、朝いちばんに「いいこと探し」をしてみましょう。

朝早起きできたら大好きなチョコレートやケーキを食べる。たっぷりと時間を使って、**ふだんとは違う特別な紅茶やコーヒー**が用意できるといっそういいですね。そういうように、「自分にごほうび」をあげるのは、わかりやすい「いいこと」です。

モノじゃなくてもいいんです。早起きして何か「いいことがあった！」とよろこべること自体を「ごほうび」にしてしまえばいいのです。

まわりよりも早起きすれば、いいことを見つけるのも、もちろんいちばん。誰よりも早く「うれしい」を探すことができるので、「朝からちょっと幸せなことをみんなにシェアしてみよう」――そんなふうに考えると、楽しくなってきませんか？

私の先日の「アサイチの幸せ」は、**朝いちばんで立ち寄ったコーヒーショップのスタッフからもらったメッセージ**です。コーヒーの紙カップに「Have a Nice Day !」と書いてあったのです。うれしかったのでさっそく写真を撮り、SNSでシェアしたところ、「こっちまで幸せな気分になった」とたくさん「いいね！」をもらえました。

自分だけの「アサイチの幸せ」が、まわりにも朝からちょっとした幸せを届けることになって、さらに自分が楽しくなる。まるで幸せが循環していくようですね。

夜の日課を週末の朝に！

心や時間に余裕がないと、固定観念にとらわれてしまって、できるものも最初から「できない」と決めつけがちです。たとえば、「朝・昼・晩」という言葉のイメージに、ふだんの私たちは無意識に縛《しば》られています。

「朝の人」というと健康、元気いっぱい、爽《さわ》やか。「昼の人」というと、のんびりしておだやかな感じ。「夜の人」というと、とたんにどこかアヤシイ、裏道を歩いているようなイメージになりますよね。しかし、このような言葉についてまわるイメージをいったん忘れて自由になると、おもしろいアイデアが生まれることがあります。

私は朝の時間に外部講師を招いたり、自分が講師を務めたりなど、さまざまなイベントを企画しています。

当然、朝の爽やかですがすがしいイメージにふさわしい「早朝ウォーキング」や「ヘルシーな朝食を食べる」といった企画も人気なのですが、なかには意外にも、朝のイメージから遠い「ありえない何か」を「朝」とかけ合わせてみた——そんなイベントの反響が大きかったりすることもあるのです。たとえば、いままでこんな企画を考えてきました。

○朝から出版記念講演会（朝から講演を聞いたあと、ウォーキングインストラクターの指導のもと、神宮《じんぐう》球場のまわりをウォーキング。朝食つき）
○早朝パワーチャージライブ（朝からプロミュージシャンを呼び、生ライブ）
○早朝忘年会（朝からザ・リッツ・カールトン東京の半個室を借り、シャンパーニュで乾杯）

これらの企画を思いつくのは、たいてい朝。聞くところによると、夜は眠っているうちに前日までの情報が脳で整理され、朝には頭がクリアになっているから、発想がわきやすいのだそうです。**「こんなこと、朝っぱらからできないよ」という思い込み**

を外してしまうと、おもしろい企画が生まれ、「おっ！　なんだか楽しそう」とお客様にも思ってもらえ来ていただける、そんな好循環が生まれます。

人は「楽しい」と思うところに集まるもの。発想力の訓練にもなるので、「朝」×《かける》「何か」を、いろいろ考えてみることをおすすめします。朝にあんなことができる、こんなことができる、とアイデアがどんどん生まれてきます。

仕事の悩みをパッと忘れる爽快リフレッシュ法

早起きをしたからには、勉強や運動や何かキャリアアップにつながることといったような、まわりから見て「偉いこと」「すごいこと」をしなければ！　と気負っていませんか？

「やらなきゃ」と思えば思うほど、せっかくの朝の時間がどんよりしたものになってしまいます。もともと早起きは眠くてつらいもの。だからこそ、プレッシャーに感じることではなく、自発的に「したい！」と思うことに時間を使ってみましょう。

たとえば、たまには仕事のことはいっさい忘れて、趣味を極めるための時間にしてみてはいかがでしょうか。平日の朝、毎日同じことのくり返しでマンネリぎみになっているところをリフレッシュし、子どもみたいな好奇心を取り戻すのです。

私は会社員時代、朝の時間に趣味の飲食関連の本を読むようにしていました。いま思うと、**ふだん触れることがないような、新しいことを学ぶ経験が、素直に物事を見る目を養ってくれた**のではないかと感じています。

新しい知識を得るときは、誰もが必ず素人《しろうと》です。「なんで?」「どうして?」とソボクな目で物事を見ることができます。大人になると、「知る」ことの楽しさをダイレクトに味わうことが少なくなり、なんとなく流されて毎日を送りがちになってしまうので、この視点を取り戻せたことは新鮮でした。

「そもそもなんでこうなるの?」という、忘れかけていた無邪気《むじゃき》な問いが、自然に出てくるようになったおかげで、仕事もソボクな視点で見てみよう、と思えるようになり、よい結果につながっていきました。

朝、楽しいことをしたあとなので、1日全体が楽しくなるという効果もありました。1日を気分よくスタートさせるためにも、朝いちばんで楽しいことをしてみましょう。

「大きなことを考える」――週末の朝だからこそのお楽しみ

私は朝に「自分と向き合い考える時間」を設け、将来の計画や目標についてあれこれ考えることにしています。前にも述べましたが、夜は身体が疲れていることもあって、ネガティブ思考に陥りがちだからです。

とりわけ土曜日の朝は、たっぷりと自分の時間が残されているので、気持ちも前向きで明るくなりやすいでしょう。限界を自分で決めずに、私の場合なら「本がたくさん売れるといいな」とか「新しい連載が決まればいいな」など、**できる・できないはともかく、自由に考える時間を取る**ようにしています。**「妄想《もうそう》」**といっていいような突拍子《とっぴょうし》もないことを想像し、大風呂敷《おおぶろしき》を広げてひとりでニヤニヤ。こうして生まれた発想を手帳やノートに書き留めていくのです。

目標を立てよう！　計画しよう！　とかまえてしまうと、ちゃんとしたこと、現実的なことを考えなければいけないような気がしますよね。実現できる？　やっぱりできない？　のくり返しで、なかなかスイッチが入らなかったり、計画をしながらもなんとなく「ホントに大丈夫かな」と自信がもてなかったりすることもあるでしょう。

そんなときは、「目標を立てる」とは考えずに、まずは「妄想する」と考えると楽しくなります。

私が好きな言葉は「Fake it till you make it」——「できるようになりたかったら、できるフリをしろ」。これは、たんに「ビッグマウスになれ」といっているのではありません。余裕のあるフリをして、「余裕な自分」に追いつくよう努力せよ、という意味です。

大風呂敷を広げた計画を立て、妄想してみましょう。まさに自分を騙《だま》す（Fake）かのように。

私自身、「いまの自分の実力で、こんな大役《たいやく》が務まるだろうか？」と心配になるようなオファーをいただいたり、思わず尻込みしそうになることを「やってください」

と言われることがたくさんあります。でもそんなときは「Fake it till you make it」と唱《とな》えると、心のなかではビクビクでも、いっさい表面に見せずに、堂々と「できます！」と言えるようになります。

「できるフリ」をしたからには、自分から引っ込むわけにはいきません。だから、本気になって、ありとあらゆる手段を使って「できる」に近づく努力をするようになるのです。

こうして、自分の背丈《せたけ》以上の果実を背伸びしてつかんでいくことを、必死になって続けてきたおかげで、いつしか道ができていました。そのくり返しが自分をどんどん大きくしてくれている気がするのです。まるで、**自分という人間を大きく見せたぶんだけ、「のびしろ」がどんどん広がっていった**ように。

最初は、虚勢《きょせい》をはっているようで居心地が悪くてもいいのです。まず、体験してみること。飛び込む勇気をもつこと。そこからすべてがスタートします。もちろん失敗するかもしれません、でも失敗してもいいじゃないですか。その失敗を朝の時間で分析して、二度と同じ失敗をしないよう、また挑戦すればいいだけなのですから。

「妄想」だってこうすれば現実に！

「できるフリ」の妄想をしたままで終わらせていては、いつまでたっても現実化は難しいはずです。かかげた「妄想」を現実化させるためには、その先のもう一歩が必要となります。

妄想をさらに分析し、現実化に向けて深く深く考えていくための切り口としておすすめなのは、**5W2H**（Who, When, Where, What, How, Why, How much——誰が、いつ、どこで、何を、どうする、なぜ、いくらで）です。

たとえば「新聞連載したい」という妄想を思いついたら、テーマ、何回シリーズか、何新聞か、いつから連載が始まるか、連載をきっかけにどのような次の展開が待っているか、というところまで、数字を入れてだんだん具体的にしていき、企画のアウトラインまで固めてしまいます。

実際、私の場合、たまたま新聞社から声がかかったときには、すでに妄想からスタートした企画書が手元にありました。「具体的にこういうことができるのでやります！」とすぐに提案できたため、新聞連載が現実のものとなりました。

5W2Hに具体的に落とし込み、まとめることのメリットは、このような**偶然の機会をつかむことができる**だけではありません。**「これがやりたい！」と周囲に伝えることに、躊躇《ちゅうちょ》しなくなる**ということもその一つです。「こんなことを言っておいて結局できなかったら恥ずかしい」「失敗したらどうしよう」と、やりたいことを心のなかにとどめておいては、せっかくのチャンスを逃してしまいます。

声に出すのは勇気がいることかもしれません。でも、前向きになれる朝の時間にきちんと分析をして、やりたいことを計画するのですから、何も恥ずかしいことなんてありません。仮に失敗しても、また5W2Hで計画し直せばいいだけです。

ちゃんと頑張る人の熱意は必ず周囲に届きます。自分で決めて宣言し、自分で動く。それが、いい出会いや、ほしい結果を引きよせる、大きな力になるのです。

2日間を「主人公」気分ですごす

朝の妄想は、つらいことも楽しく変えてくれます。私のお気に入りの朝の妄想は、自分を主人公として、誰かに私のことをナレーションしてもらう、というものです。

たとえば、何かたいへんなことが起きたとき、**「この出来事は、池田千恵がさらに成長するための壮大な物語の序章であった……」**と、誰かがナレーションしているところを妄想するのです。ナレーターは、あなたが好きな芸能人や文化人など、声が聞けたらうれしくなるような人を想像してみてください。あせる気持ちがクールダウンして、気持ちに余白ができるため、「よーし！　頑張るぞ！」と元気になります。

このように気持ちの切り換えができると、日々のちょっとした悩みも「つらいからできない」ではなくて「つらいけど、どうすればできるか」の視点で考えられるようになります。

○時間がない↓では、どれだけ時間があったらできるのか？　時間をつくるためにはどうしたらよいのか？

○お金がない↓では、いくらお金があったら安心なのか？　これからお金をつくるためにはどのような努力が必要か？

○やりたいことを家族に反対される↓では、反対の理由はどんなことか？　家族に賛成と言ってもらうためには、どのような条件が必要なのか？　それは自分の努力でどこまで補うことが可能か？　その反対を覆《くつがえ》すことはできないのか？

つらいことも「自分の人生の物語の試練のとき」だと妄想し、「どうすればいい？」と思考転換することを習慣にしていくと、前向きにとらえて乗り越えることができるようになります。このように思考転換できるのも、週末の朝のゆったりとした時間があるからこそです。

小さな達成感がどんどん積み上がる週末作戦

大風呂敷を広げて妄想するのは楽しいものです。しかし妄想してから数カ月後、あらためて見直したときに、「どうしよう！　まだ何も達成していない！」と、あせることもあるでしょう。興奮して書いた目標も、時間がたつと状況が変わって、考え直す時期がくる場合もありますよね。

もし、最初に立てた大きな目標が叶《かな》っていなくてもあせる必要はありません。「大風呂敷目標」は、自分で自分の「のびしろ」をせばめてしまっている悪いクセを、修正するイメージトレーニングのようなもの。私の「のびしろ」はもっとあるはず！と意識的に大風呂敷を広げて、その目標を達成したときの幸せなイメージを1週間に一度頭に思い浮かべることができれば、それだけでもいいのです。

とはいえ、やっぱり、せっかく立てた目標だから達成したい！　と思うのもまたホンネです。では、「大風呂敷」をリアルな目標に近づけるためにはどうしたらよいのでしょうか。私は、**数字で、具体的に進捗《しんちょく》がわかるように目標を書き換える**ことをおすすめします。５Ｗ２Ｈの「How much」にあたる部分で考えるのです。

たとえば、初出場のフルマラソンを完走することが目標なら、足腰を鍛《きた》えるために「月間累計走行距離１００キロ以上走る」、と決めてみましょう。

数字で具体的に目標が決まれば、**「１００キロ走るためには、毎日５キロ走ってみよう」**と、次の目標を決めることができます。ここまで細かく、毎日実行することに落とし込むことができたなら、毎日５キロの積み重ねがフルマラソンにつながる、と具体的にイメージすることができますし、達成する意欲もわいてきます。

「有名になりたい」「出世したい」などという目標はあいまいすぎてＮＧ。あなたにとっての「有名」「出世」を数字で表わしましょう。たとえば、ＳＮＳのフォロワー数がどれだけか、名前をネット検索した結果が何件か、というように書き換えます。

仕事で結果を出したい、出世したいというあなたは、出世するためには会社にどんな貢献《こうけん》をしなければならないかを、数字を使って一つひとつ書き出していきます。

総務の方なら「事務用品の経費を前年比○%削減」、広報の方なら「メディア取材の数を○件増加させる」といったように。妄想を数字で具体的にすると、自分が何をすべきかが、よりはっきりとイメージできるようになります。

「大風呂敷目標」が大風呂敷で終わってしまうのは、具体的な行動があいまいなままなんとなく「叶えばいいな」と思っているから。あなたの目標を数字で分解するとどうなるかを、一度、朝の時間でじっくり考えてみてはいかがでしょうか。

うまくいかなくても上書きできる

「一度失敗した苦い思い出があって、そのせいで同じような場面に直面すると怖くて前に進めなくなる」という人がいます。心の底から「あんな経験、二度としたくない」と思っているのならべつですが、その失敗に少しでも未練があるなら、あえてもう一度頑張ってみてはどうでしょうか？

朝の時間なら、過去のつらい気持ちもゆっくり振り返ることができます。もしかしたら、苦い思い出もよい思い出に「上書き保存」できるかもしれません。

もう一度やることの大切さを、私は早朝の神社で、見ず知らずのおばあさんに教わりました。

2011年、東日本大震災直後の4月、大阪の住吉大社《すみよしたいしゃ》でセミナー講師をしたときの話です。早朝、私は住吉大社に参拝しました。境内《けいだい》には「おもかる石」というものがあって、願い事を思い浮かべて石を持ち上げたとき、重いと感じるとその願いは叶わず、軽いと感じるとその願いは叶うというものです。当時は、東日本大震災直後。私の願いは、故郷の福島の原発が落ち着くこと、福島に住む実家の両親、友人たちが一日も早く落ち着いた生活を取り戻すことでした。

ところが、心から願って持ち上げたのにもかかわらず、おもかる石を重く感じてしまいました。落胆《らくたん》する私に、いつの間にか後ろに立っていたおばあさんが、「もう一度、しっかり、心を込めてお願いしてごらん。大丈夫だから」と声をかけてくれました。私が「重く感じた」ともなんとも言っていないのにです。

私はあらためて、心からの願いを込めて持ち上げました。すると、さっきは5センチくらいしか持ち上げられなかった石が、20センチくらい持ち上がりました。ずっと私を後ろで見ていたおばあさんは、「大丈夫でしょ。本当に叶わなかったら、ぜんぜんびくともしないんだから。願いは叶うよ」と言ってくれました。

当時は、この出来事を、たんなる不思議な話で終わらせていたのですが、先日知人に話したところ、私とは違う視点の意見をもらい、はっとしました。「うまくいくかなんてわからないけど、チャレンジし続けることが、やっぱり大事なんですね」。

あなたがもう一度チャレンジしたいことはなんですか？　思いきって、本気で心を込めて、チャレンジしてみませんか？

たとえ思いどおりにならなかった週末があっても、気にしすぎないこと。週末は1週間後にまた必ずやってきます。つまり何度でもチャレンジできるということ。あきらめなければ、最後には「成功」に上書きできる週末がやってくるはずです。

コラム2

余裕がある日にちょっとだけ

先日、講演先で次のような質問をいただきました。

「私はフリーランスのライターとして仕事をしつつ、教室も運営しているのですが、仕事の性質上、先方の都合次第で夜中まで仕事になったり、早く終わったりと時間がまちまちで一定していません。そんな場合でも、決まった時間に早起きをしたほうがよいのでしょうか」

私からの回答として、おおよそ次のようなことをお話ししました。

○週単位ではめちゃくちゃだと思っても、1カ月とか3カ月とか、長い目で見ると、一定の傾向があることが多いはず

○まずは書き出して傾向を把握しましょう

○その上で、比較的時間に余裕があるときだけでも、早起きをしてみましょう

ポイントは「書き出し」「俯瞰《ふかん》」「早起きの定義づけ」です。

相手の都合が優先で、自分の時間が決められないこと、たしかにストレスですよね。でもそんななかでも方法はあります。

1週間単位ではめちゃくちゃなスケジュールだと思っていても、1カ月単位、3カ月単位……と広い視野で俯瞰してみると、何かしらの傾向が読めてくるものです。

たとえば、毎月くる定期的な締め切りが終わると、ちょっとだけほっとする時間はあるな、とか、教室に来てくれるお客さんを見てみると、月末よりは「今月こそ頑張ろう！」と思って月初にくるお客さんが多いな、とか……。

まずは、傾向を俯瞰して見ることができるよう、忙しさの波を書き出してみることをおすすめします。そして、「波が少しマシなときだけ、早起きしよう」と決めるだけでも、だいぶ違うのではないでしょうか。

早起きは「目的」ではなく「手段」です。一定の時間に毎日起きることが「早起き

の成功」だと思い込んでしまうと、1日失敗しただけで総崩《そうくず》れになりますが、**「余裕がある日の前後だけ、早起きしよう」と決めれば、それがあなたの早起きルール**となりますよ。まずはあなたの「定義」を決めるところから始めましょう。

気持ちがなかなか乗ってこないときに

41ページで、朝は「投資」の時間にあてるとよいとお伝えしました。ただし、「自分への投資」という行動は、将来の根幹《こんかん》にかかわるような重要なものが多く、取りかかるのに心理的な負担があるので時間がかかってしまうことも。

そんなときは、**ふだんはついあとまわしにしがちな単純作業の、「いつかやろう」と思っていることをやってしまい、勢いをつける**のも手です。

取りかかればすぐ終わってしまうのに、なんとなくあとまわしにしているようなことをピックアップしてみましょう。たとえば経費計算や伝票整理、売上確認など、疲れた頭ではミスしてしまいそうなことを、朝にもってくるのです。

単純作業というものは、夜、仕事がひととおり終わったあとや、月末にまとめて一気にやってしまう人も多いでしょう。でも単純作業とあなどるなかれ、夜の疲れた頭で行なうと、ありえない凡ミスをしてしまうこともあります。一つ計算を間違えるとすべてが狂ってしまうので、せっかく早く帰ろうと思ったのになかなかまとまらず、かえって残業が増えたり……。

私も会社員時代、金曜日の夕方に、その週はどのプロジェクトに何時間かかったかをまとめて書き出すようにしていたのですが、ぐったり疲れた頭に、この計算はけっこうヘビーで、何度か計算を間違えたり、飲み会までに急いでやろうと思って雑になったりして、5分で終わるはずのものなのに30〜40分もかかってしまうことがありました。

このような、やらないといけないけど、ついあとまわしにしてしまう、そんな仕事こそ、朝の時間の出番です。えいっと思いきってカタをつけてしまいましょう。終わったスッキリ感から勢いがつき、今日は残業して交通費精算をやらなきゃな、といったブルーな気持ちもなくなるので、1日がスムーズにまわるようになりますよ。

「その1日のシミュレーション」の効用

「なかなか余白が取れない」と思ってしまう方は、予定が決まった順に、どんどんスケジュールを埋めてしまってはいませんか？

相手から申し出があった予定を、そのまま受けた順にとりあえず手帳などに記入していくと、時間がいくらあっても足りません。予定は決まった順番ではなく、あなたが、すべきこと、すべきでないこと、すぐやるべきこと、あとでいいことを判断し、その**重要度順を考えてスケジュールに並べる**よう心がけましょう。それだけで、あなたの時間や心の余裕は確実に増えます。

とはいえ、会社勤めや家事や育児で忙しいなか、そんなのいちいちムリ！と思われるかもしれませんね。そんなときこそ、朝の時間を使って物事を判断する訓練をするのです。

朝9時以降の忙しい時間が始まってからは、どれがすぐやるべきことで、どれがあとでもいいことかなどを判断している暇《ひま》さえなく、どんどん予定を受け入れてしまいます。しかし、誰にも邪魔されない朝の時間なら、今日の仕事のなかでどれが緊急のもので、どれが時間をかけていいものかを、ゆっくり判断できます。

頭がクリアで判断力が冴《さ》える朝だからこそ、行なうことができる訓練ですが、これを続けていって習慣化すれば、朝9時以降の「降ってわいてくる相手次第の予定」にも、だんだん主体性をもってのぞむことができるようになります。

主体性をもって予定を判断していくために効果的なのが、**予定表を色分けして作る方法**です。たとえば信号機を思い出してみてください。赤、といったら、すぐに「止まれ」だな、と直感的に連想することができるでしょう？

それと同じように、それぞれの予定を意識的に異なる色を使って書き出すと、判断スピードが早まります。

たとえば私の場合は、次のように色分けしています。

○**種まきの赤**……緊急ではないが重要なもの。忙しさを理由におろそかにしがちだけれど、放置すると将来へ大きく影響してしまうこと。家族やメンター、親友との予定など。

○**収穫の緑**……緊急で重要なもの。目の前の生活や、仕事に直結することなど。

○**間引きの青**……緊急だが重要でないもの。めんどうだが定期的に取り組む必要があること。日々のルーチン作業など。

○**塩漬けの黒**……緊急でも重要でもないもの。あまり考えずにやり続けていること。自分以外のほかの誰かにも任せられそうなものなど。

色分けのおかげで、アポの電話やメールが入ったときに、瞬時に「これは赤だな」「緑だな」と判断できて、あとから手帳などを見返すときには、その色に応じた対応をしています。

物事の判断スピードが早くなるので、結果的に自分の時間が増えるのです。

3章

これがエネルギーチャージの「休み方」

週末朝活で体メンテナンス

週に一度、「地球と自分のリズム」を合わせていく

ある日、福島県いわき市の中山歯科矯正《きょうせい》医院院長の中山孔壹《こういち》先生（統合医学博士、臨床ゲノム医療学会ゲノムドクター認証医）の講演を聞く機会がありました。中山先生は、人間の遺伝子情報（ゲノム領域）、統合医療、人類進化学を研究されており、福島県の「心の復興」にも奔走《ほんそう》されている方です。

先生によると、人間の体内時計は、じつは24時間ではなく約25時間なのだそうです。太陽光が目から入るタイミングで、網膜《もうまく》・視交叉上核《しこうさじょうかく》・松果体《しょうかたい》というところを同調させ、地球の自転サイクルである24時間に、私たちは毎朝調整し直しているのです。

きちんとリセットできれば、睡眠・覚醒《かくせい》、血圧、体温をふくむ、身体全体の恒常《こうじょう》性（ホメオスタシス）のリズムが正しく働き始め、心と身体のバランスが整います。こ

れは、自律神経の調整をうながし、免疫力を向上させ、健康へとつながることになります。

また、じつは、太陽光をあびる時間にも適切なタイミングがあります。**人間の体温が1日で最低になるといわれる、朝の数時間が、朝日をあびて体内時計を合わせるいちばんのチャンス**なのです。

「毎日は難しい」という人でも、週に一度、土曜日の朝に自分のリズムのゆがみを整えてみてはいかがですか。

現代人は、パソコンやスマホ（これらの光も太陽光に近い）の光を長時間不規則にあびているので、万年時差ぼけ状態に陥《おちい》りがちです。その意味でも、早起きによる健全リセット術が、身体や心のバランスを整えるために有効だということを、先生のお話からあらためて実感しました。

私はいつも、金曜日の夜寝る前に、

「土曜日の朝起きたら、私は新しく生まれ変わる！」

とイメージして眠りにつきます。

「今週も1週間楽しかったけど、目覚めたあとの私は、今週よりもバージョンアップしている。さらに素晴らしい1週間のスタートが待っている！」

とイメージすると、それだけでなんだかワクワクしてくるのです。

体内時計のリセットと、自分の気持ちのリセットはなんだか似ているな、とうれしくなります。

時間に余裕があるからこその「たっぷり朝日浴」

私は大学時代、アウトドアを楽しむサークルに入っていました。夏休みは横浜から屋久島《やくしま》まで、青春18きっぷとフェリーを乗り継いでキャンプをしたり、9月の初めなのにうっすら雪の積もる白馬岳《しろうまだけ》を登ったり、紅葉の尾瀬《おぜ》をトレッキングしたりと、活動的にすごしていました。

会社に入ってからは、そんな日々は夢のように遠くなってしまいましたが、それでも家と職場の往復、くり返される単調な毎日からいったん離れ、少しでも自然に囲まれるチャンスがあると心が洗われました。

ふだんのせかせかした日常からふっと解き放たれ、身体のなかにエネルギーがぐんぐん充電されていくような経験は、誰にでもあると思います。たとえば、休日を利用してどこかの温泉宿に宿泊し、朝風呂で心も身体も存分にリフレッシュした経験はありますよね。とはいえ、毎週のように大自然や温泉宿に出かけて行ってリフレッシュするわけにはいきません。

じつは、身近なところでもリフレッシュできる方法があるのです。それが、「朝日浴」です。**森林浴はしょっちゅうできなくても、朝日浴ならすぐにできると思いませんか？**


毎日、変わらない優しさで私たちを照らしてくれるお日様も大自然の一部。身近すぎてお日様が昇るのはあたりまえだと思ってしまいがちですが、こんなにもパワーをもって、地上にいるすべての生物を照らしてくれている存在は唯一無二ですよね。

だから、毎日早起きして、朝日をあびることができたなら、それだけで、元気で前向きなエネルギーをチャージできるのです。


元旦《がんたん》に早起きして、初日の出を拝《おが》んで「お日様って、こんなにも神々しいんだ」と感動した経験がある方も多いでしょう。

週末はちょっぴり早起きしてそんな「朝日浴」を心の底から楽しんでみませんか。

自分の身体を「太陽電池」に

天気がいい早朝、私が儀式のように続けている習慣で、元気が出るとっておきの方法をお伝えします。名づけて「太陽電池エネルギーチャージ法」。やり方はきわめて簡単です。ステップは４つ。

1　早起きする

2　外に出て、朝日に向かって立つ（川のほとりやベランダなど、見晴らしのよいところだとさらに効果的）

3　目を閉じて、自分があたかも太陽電池になったように、足先から徐々に太陽エネルギーが、ぐんぐんと身体に入ってくるようイメージする

4　頭のてっぺんまで太陽のエネルギーが身体に充填《じゅうてん》された、と感じたら終了

こうやって太陽のエネルギーをチャージすると、不思議と元気が出て、ちょっとした出来事、たとえば川のほとりのひんやりした風を感じただけでも幸せな気分になり、なんだか感謝の気持ちがわいてきます。週末を前向きにすごせる上に、なぜか夜もぐっすり眠れて、次の1週間につなげることができるのです。

これは、気持ちがいいので自然とやっていた習慣だったのですが、早起きを仕事にしたことで専門家や医師の方と対談することが増え、実際にこの習慣は心身の安定に効果的だと教えてもらいました。

早起きして網膜に早く光を当てると、心身の安定や安らぎに寄与《きよ》する「セロトニン」が分泌されるということが科学的に証明されているそうです。また、記憶や感情経験などは、睡眠中に整理整頓されるため、脳にとって朝がいちばんフレッシュな状態だそうです。

クリアな頭で生産的な考えや、未来志向の考えを巡《めぐ》らせることができます。

さらに、朝、セロトニンをしっかり分泌させると、自然な眠りを誘うメラトニンが多く分泌され、良質な睡眠を取ることができるので規則正しい生活を送ることができます。

朝早起きするとじゅうぶんな時間があるので、朝食を摂《と》ったり、トイレにゆっくり入ることもでき、身体のリズムが整うのだとか。

長年続けていた習慣に、こんな効果があると知り、ますます早起きが楽しくなりました。

毎日は難しくても、せめて土曜日の朝に、週末を思いっきり楽しむためのエネルギーを充電してみてはいかがですか。

自分に必要な睡眠時間を探ろう！

「睡眠時間を絶対8時間以上取らないと頭が働かない。8時間睡眠するためには、夜、ものすごく早く寝ないといけないから、私には早起きはムリ」「早起きに憧《あこが》れて、何度も挑戦するんだけれど、私はやっぱり夜のほうが体質にあっている」「週末はゆっくり寝だめしたい」……。こんなご意見を、これまで何度もいただいてきました。

私は、早起きのために短時間睡眠を推奨《すいしょう》しているわけではありませんし、夜型がダメだ、と主張しているわけでもありません。

人により、最適な睡眠時間はまちまちです。体質的にどうしても長時間睡眠を取らないと生活がままならないという方に、無理に短時間睡眠をおすすめするつもりはありませんし、夜型の方に、朝型を強要するつもりもありません。

でも、もしあなたが少しでも「朝型になりたい！」と思うのであれば、一度自分の身体を見つめ直してもいいのではないかと思います。

平日の睡眠不足を解消するように週末たっぷり寝ることが習慣となっている場合は、いったん**平日と休日の睡眠時間がどのくらい違うかをチェックしてみましょう。**

その際に有効なのが記録することです。たとえば、毎日持ち歩く手帳に、自分の体調と睡眠時間を定期的に記入してみましょう。

この記録から、自分がどんなときどうなるのか、という傾向を客観的にながめることができます。本当に自分は8時間睡眠でないと頭が働かないのか、もしかしたらほかの要因もあるのではないか。6時間睡眠をしたら、お昼の何時くらいに眠くなるのか、などなど、身体の声を、一度きちんと検証する時間をもってみるのもいいのではないでしょうか。

私の場合でいえば、子どもが生まれる前は最低睡眠時間6時間で毎日をすごしていましたが、ハードな運動をしたときや、仕事が忙しかったときなどは、6時間ではきつい場合があり、現在は7時間睡眠に落ち着きました。
また、疲れているときや、お昼に食べすぎてしまったときは、午後2時くらいに眠くなるのがわかっているので、1日を全力で駆け抜けたいときは、お昼はごく少なめにしたり、場合によってはスープだけにして調整するようにしていました。

出産・育児の間は、ホルモンの影響や子どもの夜泣きや突然の発熱で思うようにいかない場合もあり、**睡眠時間を「松竹梅」の3パターンに分けて乗りきりました。**

松パターン：21時就寝、朝4時起き（ベスト）
竹パターン：22時就寝、朝5時起き（子どもの寝つきが悪かった場合）
梅パターン：22時就寝、朝6時起き（子どもの寝つきが悪く、かつ夜中に子どもが起きたりして寝不足の場合）

このように、睡眠時間とともに体調をきちんと手帳に記録しておくことで、自分のリズムを意識して、パフォーマンスを最大限に発揮することも可能になるのです。

「なんだかだる重……」を引きずらないコツ

ランニングや筋トレをすると、筋肉が一度壊《こわ》れ、そのあとしばらく休むことでもとに戻ります。もとに戻った筋肉は、前の状態よりもさらに強くなるのでこれを**「超回復」**と呼ぶそうです。

ランニングに夢中になると、ついつい毎日長距離を走りたくなりますが、筋肉がまだしっかりついていない初心者の場合は、毎日限界まで走るよりもむしろきちんと休んで1日おきに走るほうが、超回復効果で筋肉が鍛えられ、トレーニング効果が高くなるとのこと。

練習は毎日頑張るほうがいいと思い込んでいた私は、この話を聞いて驚きました。

先日、ランニングしていたとき、筋肉の「超回復」は心にもあてはまるのではないか？　と思いつき、SNSで次のようにつぶやいたところ、「よい例《たと》え」「超納得」「いまの私に必要な言葉」など、好意的な反応をいただきました。

＊＊＊＊＊＊

【ココロも超回復するよね】

ランニングとか筋トレして筋肉が一度壊れたあと、しばらく休むと強くなってもとに戻るのを「超回復」というみたいだけど、ココロも一回壊れて休むとますます強くなるよね。へこんだら、「今が超回復のチャンスだ！」と思うとなんか気分が晴れそうだから今度使おう。

＊＊＊＊＊＊

私は、**朝の時間はとくに「ココロの超回復」に役立つ**のではないかと思っています。ずーっと限界まで悩んだりしないで、壊れたらしっかりと休むこと。どんなにつらいことがあっても、毎朝必ずお日様は昇ってきます。

つまり、朝日は必ずまた戻ってくる（回復する）のです。これ以上ぴったりの時間はありません。

「明けない夜はない。だからさっさと寝ちゃって明日考えよう！」とわりきることができたなら、つらい出来事はすべて、もっと強くなれる「超回復」のチャンスだと思えてきますよね。

せめて1週間おきにでも、平日の間に疲れきった身体や心を修復させる「超回復」の時間を設けてみてはいかがですか。

#「午前6時」の大チャンス

一般的に、日が長くなる春夏のほうが早起きがしやすいといわれています。

秋冬はあたたかい布団《ふとん》から抜け出すのはおっくうですし、外が暗いと目覚めも悪くなるというイメージがありますよね。身体のリズムを考えれば、秋冬は早起きが難しい季節だといえるでしょう。

でも、じつは早起き初心者さんにとっては、冬場のほうが早起きができたときのうれしさ、楽しさを実感しやすいのです。

なぜなら、日の出が遅いからこそ、ものすごく早く起きなくても「朝」を実感することができるからです。

早起きの醍醐味《だいごみ》は、夜と朝の境目《さかいめ》を体感できること。だんだんと空が明るくなっていき、まるで地球全体が目覚めるような瞬間に立ち会うことができるのは、早朝ならではのよろこびです。

「朝と夜の境目」は、まるで**新しい自分にバージョンアップ**したかのような気分を連れてきてくれます。

そんな瞬間に立ち会うには、真夏なら朝4時起きをしなければなりませんが、冬なら、朝6時ごろでも間に合います。そう考えたら、週末朝活のチャンスが広がりますよね。

早起きのよさは、朝にじゅうぶんな時間が取れることだけではないのです。空気がピンと澄《す》んでいる、夜明けのドラマティックな風景をぎゅっと凝縮《ぎょうしゅく》して見られるのも、秋冬ならではの朝の楽しみ方なのです。

時間があるからこその「朝ストレッチ」

産後、骨盤《こつばん》が開いたままだと体形が戻らない上、姿勢にもよくないと聞き、初めて「整体」に通い、骨盤矯正をしてもらうことにしました。

身体を診《み》てもらったところ、骨盤だけでなく背中が猫背ぎみなこと、足がガニ股ぎみなこともわかり、いっそ全部治そう！　と週に一度通いました。

おかげさまで、正しくてキレイで美しい姿勢というものがどんなものかを教えてもらい、肩こりもとれて本当によいことばかりでした。整体ってすごいですね。

整体を受けて気づいたのが、やはり朝の効用です。朝いちばんで姿勢を意識することで、1日の意識が大きく変わるということでした。

整体の予約時間は朝いちばんでお願いしていました。整体の先生もたくさんの人を診てきて夜になればきっと疲れているはず。朝いちばんなら、掃除したてのキレイな院内で、先生からもみなぎるエネルギーをいただけるような気がしたからです。

また、**朝に身体が整うと、1日その「型」がピタッとはまる気がして気持ちよい**のです。夜はリラックスモードでダラダラと、あとは寝るだけという気分になりますが、朝ならビシッと決まった「型」をできるだけ維持しようという気になります。それが朝の気分にぴったりなのです。

姿勢がよくなると、目線が高くなるので見える景色も変わります。また、うつむくように下を見るのではなく、つい上を見たくなるので、いつもの景色なのに、何かべつの景色を見ているようで楽しくなりました。

平日はなかなか整体に行く時間が取れない方でも、週末の朝なら通いやすいですよね。朝いちばんで身体をほぐしてもらうことで、自分の姿勢をちょこっと意識して、正しい姿勢を守ろう！　と思うだけでもだいぶ1日のすごし方が変わりますよ。

ふだんはできない「早朝月見」のすすめ

ふつうは、お月様は夜見るものですが、じつは、早朝に見る月もいいものです。

私が、**「早朝月見」**のよさを発見したのは、2010年の元旦のことです。

朝4時すぎ、私は家の窓から部分月食《げつしょく》を見ていました。その年はめずらしいことに、元旦に部分月食があって、しかも、元旦と1月31日の2回、満月が通称「ブルームーン（ひと月の間に満月が2度現われること）」だったのです。

空気が冴えわたる早朝、すべてがしーんと静まり返ったなかに浮かぶ月は、クリアな輪郭《りんかく》で1年の初まりを静かに照らしていました。

周囲のざわざわした喧噪《けんそう》がないぶん、明かりが心にしみいるように感じたのを覚えています。

元旦ではなくても、朝日が昇ってきたころの、青空とともに見える月にはえもいわれぬ風情《ふぜい》があります。

ともすると雲と間違えてしまいそうな、淡く白い月。光と影の差が、夜ほどはっきりしていないため、月の表面がなめらかに見えてまた格別です。いろいろな月の表情をながめられるのも早起きしているからこそ。

朝日が昇ることによる空の変化も楽しいですが、**空の変化とともに変わる月の様子を観察するのも、時間がたっぷりある、週末の朝ならではの贅沢。**

早朝から美しい月が見られる贅沢を味わうと、心静かに「今日はきっといいことがあるかも」という気持ちがわいてきます。

雨の土曜や暑い日曜、それぞれの活かし方がある

私は、限られた時間のなか、工夫しながら楽しくすごしている女性を「時間美人」と名づけ、インタビューして記事にしています。

仕事や家事で忙しい毎日のなか、段取り力や決断力をどうやって身につけているのか、さまざまなノウハウをみなさんおもちなので、インタビューする私のほうも勉強になります。

「時間管理」と聞くと、厳しく自己節制している、というイメージをもつ方も多いかもしれません。

でも「時間美人」さんたちは、厳しく自分を律《りつ》するというよりも、発想を転換して、楽しくないことも楽しくしてしまう人が多いのです。それも、無理矢理ポジティブに

思い込んで、がまんしたりするのではなくて、そう考えるほうが楽しいから、心地いいから、そんなふうに自然に発想転換できているのです。肩に力が入っていないんですよね。

彼女たちの特徴の一つは、言葉の使い方です。気分がよくなる言葉を使うことが上手なので、彼女たち自身もまわりの人たちも、気持ちが上向きになるのではないでしょうか。

たとえば先日、私の仲のいい友人が、雨の日にこんなメールをくれました。

「お肌しっとりお天気だね」

「今日は雨でユウウツですね」なんていうあいさつより、「お肌しっとりお天気ですね」なんて言われたら、朝からうれしい気分になりますよね。天気をネタにしたあいさつは、朝いちばんにすることが多いけれど、その日最初にかけられる言葉一つで気分がこんなに変わるのか！　とびっくりしました。

また、べつの友人は真夏日のことを、

「今日は天然無料サウナ入りたい放題の日だね！」

と言っていて、それを聞いた瞬間、一瞬で蒸《む》し暑い気分が吹き飛びました。

久しく連絡を取っていない友人や、連絡を取ろうと思って取らずじまいになっている人がいれば、朝の天気をポジティブに形容する練習がてら、連絡を取ってみてはどうでしょうか。

ちょっと「特別な朝食」を用意してみませんか？

「早起きすると、そのぶん早い時間に朝食を摂るので、ものすごくお腹が空《す》いて、お昼までもたない」、そんな声をよく聞きます。

たしかに、お腹は空きますよね。

私の場合は、食事を摂るのが朝6時ごろだとしたら、すでに11時にはお腹がグーッとなってしまいます。

また、週末だけ早起きすれば、ふだんとは生活リズムが異なるので、思わぬ時間帯にお腹が空きだすかもしれません。

時間の融通《ゆうずう》が利《き》きやすい方なら、11時ぐらいから早めのランチを摂ることもできますが、ライフスタイルやその日の予定によってはなかなか難しいこともあるでしょう。
そんなときの対処法として、私は2つの予防策を考えています。

○朝ご飯をしっかり、よくかんで食べる
○小腹が空いたときは、歯ごたえがあるものや無糖の炭酸水でお腹を満たす

私の朝の定番は、玄米ご飯です。
玄米ご飯はきちんとかまないと消化によくありませんが、早く起きた朝ならゆっくりかむ余裕もあります。あごを動かすことで脳にしっかり酸素と栄養が行きわたり、シャキッと目覚める感覚も好きです。眠気防止にガムをかむ人がよくいますが、まさにそれに近い感覚です。目覚めによい上、食物繊維が豊富なので、腹もちもよいのです。

玄米ご飯が苦手な方は、たとえばペンネやごぼうサラダ、豆料理など、歯ごたえや食べごたえのある朝食を用意するといいでしょう。

せっかく早起きして時間がたっぷりとあるのですから、ふだんは摂らないような「特別な朝食」を用意してみてはどうでしょうか。

それでもお腹が空いてしまう、そんなときは、スナック菓子などはなるべく避けて、ナッツ、むき栗、ドライフルーツ、こんぶなど、素材の味を楽しむものを少し食べたり、無糖の炭酸水を飲んだりして空腹をまぎらわすのが、身体にもいいようです。

ポイントは、腹もちがよくて、肥満につながらないこと。

小腹をどんどん満たしたことで、カロリーを摂りすぎてしまったり、お昼休みになってもランチが食べられなくなったりするようでは、せっかく早起きしても生活のリズムが崩れてしまいますからね。

一週間の計は週末にあり

「一年の計《けい》は元旦にあり」といわれるように、一般的に、「早起きしたい」「健康に気をつけたい」などの、習慣にかかわる決心を固めるのは、新年が多いですよね。でも、年の初めに「今年こそ！」と思った健康によい習慣も、3～4カ月もすぎると、「まあいいか」という気分に流されて心が鈍ることもあるでしょう。

そんなときは、「一週間の計は週末にあり」とイメージして、先週までの自分をリセットしてみませんか？

週末を迎えるたびに、自分はリニューアルされているんだと思えば、ついついあとまわしにしがちな健康習慣も長く継続させることができます。

ポイントは、朝いちばんで、自分の身体のなかで起きるさまざまな反応を、よいイメージで満たしていくこと。「健康のためにやらないといけない」ではなくて「目覚めてすぐのフレッシュな身体をキープしたい！」「気持ちいいからやりたい！」と意識を転換することができますよ。

たとえば私は、朝起きて水を飲むとき、こんなイメージを心に浮かべます。

水分がからっぽの胃にしみわたり、細胞一つひとつまでみずみずしさがいきわたって、自分の身体を元気にしてくれる——。細胞が水で満たされて、新しい身体に活力がみなぎってくる気がします。

水が満たされるぶんだけ、水分を絞っておくイメージで、スポーツジムのミストサウナや岩盤浴で、朝いちばんから汗を流すこともあります。このときは、汗と一緒に自分のあらゆる「よからぬもの」、つまり、不安な気持ちや、イライラ、ドロドロとした煩悩《ぼんのう》が、すべて毛穴から流れ出るようなイメージをしています。

心からも身体からも、いらないものを出して、フレッシュなものをどんどん取りいれましょう。これを毎朝くり返すことで、毎週末生まれ変わることができるのです。

コラム3

楽しい予定のための「逆算朝活」

とある平日、ずっと気になっていた彼（彼女）と、やっとのことで取りつけたデート。夜7時に駅前で待ち合わせ。移動の時間を考えたら、なんとしても6時半には会社を出たい。

そんな状態のときの集中力は、ふだんとはくらべものにならないものでしょう？デートに遅れたら、そのぶん、彼（彼女）とおしゃべりする時間が減ってしまう。脇《わき》目《め》もふらずに、話しかけないでオーラを醸《かも》し出しながら、業務を時間どおりに終了しよう！　と本気になるはずです。

人は「○○しないといけない」（義務）より「○○したい！」（願望）を優先する生きもの。だから、一見、ヨコシマな願いをニンジンにして、集中力を維持してもいいのです。それで仕事がはかどるのなら、結果オーライ。

「必ず○時までに終わらせよう！」という集中モードは、早起きをすることで、強化することができます。たとえば、「今日は6時半には退勤するぞ！」と目標が定まったら、朝から始業時間の9時までは、どうやったら仕事を早く終えられるかという「戦略を練る」集中モード。昼は、朝立てた戦略に従って「バリバリ仕事をする」集中モード。夕方は朝の戦略の「総仕上げ」集中モード。

こうして、集中モードを増やしていき、それが次々にクリアできると達成感が生まれて、だんだん楽しくなってくるのです。バリバリ仕事、総仕上げももちろん大切ですが、いちばん重要なのは、すべての計画をつかさどる朝の集中モードです。

「朝9時までに」「夜6時半までに」という、集中モードのデッドラインを意識的にたくさん設定して、それに間に合わせることができたときには、いいことが待っている！という状況をつくりましょう。ダラダラと時間を浪費《ろうひ》することが少なくなります。

ごほうびがあることで、朝、すべきことの全体像を把握し、適切な時間配分を意欲的に考えることができるようになるのです。

キーワードは「30分前」

自分の仕事の生産性は、相手にゆだねる時間を最小限にすることで高くなります。ふだんの仕事や生活で、時間が読めないので仕事が先に進まない、なぜ読めないかというと相手次第だからということは、たくさんありますよね。だからこそ、**「自分が読めない時間」を最少化することが、余白を確保するためには必要となる**のです。

乗っていたタクシーが渋滞《じゅうたい》に巻き込まれる、突然急ぎの仕事を振られる、相手のメールの返信が締め切りをすぎてもこない、などなど、自分にとって予定外なことが起きれば起きるほど、心は乱れますし、仕事の生産性にも影響が出てきてしまいます。

時間が狂ったせいで、打ち合わせや商談に遅刻してしまえば、あせる上に「すみません」と謝るところからスタートするので、話をする前から不利な立場になってしまいます。

このような事態を防ぐために、私は、日々「30分前に行動」の意識で物事を進めるクセをつけています。

社外で打ち合わせがあるときは、基本的に30分以上の余裕をもって待ち合わせ場所に向かいます。あらかじめ、待ち合わせ場所近くの喫茶店をリサーチし、ひと息ついて、落ち着いて資料にもう一度目を通します。打ち合わせ内容の再確認ができ、自分が伝えたいことや聞いておかなければいけないことの整理もつきます。

この習慣のおかげで、突然の電車遅延や渋滞に巻き込まれても、遅刻することはほぼありません。たとえオフィスを出るまでに、やりかけの仕事が残っていたとしても、移動先近くに着いてから、間に合わなかった仕事を進めればいいだけの話です。持ち出した仕事が出先で終わらないことはしばしばですが、遅刻してしまうよりはるかにいいと思います。

さらにいいのは、30分前に待ち合わせ場所に着けるように、その前の仕事を終わらせておくよう逆算することを習慣化すれば、ムダな時間はますますなくなるということです。「30分前に行動」という意識が頭にあることによって、仕事の段取り力もつくようになるのです。

気持ちに余裕が生まれるので、自分の思いどおりにいかない出来事にイライラしたり、まわりに八つ当たりしたりすることもなくなりますよ。

4章

週末朝活で成長を実感

とっておきの学び、遊び、楽しみ

「リフレッシュ」すると見えてくること

何か大きな目標があるとき、自分に足りないものは何かな？　と考えて、たくさんインプットしなくては、とあせってしまうことがあります。しかし、じつは、自分がインプットしているさまざまなことに目を向け、そこから**余計なものを削《そ》ぎ落とすことで、逆に目標に近づけることがある**のです。

私はこのことを、大学受験を振り返って感じました。

私は大学受験に二度失敗し、それを機に始めた早起き勉強で、やっと志望校に合格することができました。

当時は、「いまのままでは未来はない」という気持ちで必死だったため、戦略なんて何も考えていませんでしたが、いま振り返ってみると、遠まわりながらも大学に合格できたカギは、「あれも！　これも！」を卒業し、余白をつくったことにあるのだと思います。

私がやめたことは次の3つです。

○夜中まで机にかじりつくこと
○有名カリスマ講師の授業をたくさん受けること
○家に帰ってから勉強すること

最初に、夜中までずっと机にかじりついて勉強することをやめました。

夜型で勉強を続けていたときは、時間が無限にあるような気がして、夜中はずっと机を前にしていました。

でもよく考えてみると、机に向かっている時間は長くても、そのなかで勉強している時間はわずかだったのです。机に突《つ》っ伏《ぷ》して寝ていたり、集中力が途切れてマンガを読んだりと、勉強に関係ない時間をすごしているのに、机に向かっているだけで勉強している気になっていたのです。

次に、有名講師の授業をやみくもに受けるのをやめました。

私は団塊《だんかい》ジュニア世代で、受験時は浪人生の数がとても多かった時期にあたります。予備校も人気で、当時は「カリスマ講師」と呼ばれる先生がたくさんいらっしゃいました。人気講師の授業には行列ができるほどです。

私は、「一流のすごい先生からたくさん学べば成績は上がるはず」と思っていました。しかし、三度めの受験ともなると、仕送りをしてくれている親に迷惑はかけられないと考えて、前年は週30コマ受けていた授業を、本当に心から「何をおいても、この先生の授業だけは受けたい！」と思う2コマに絞りました。

このことにより、本当に大好きな先生の貴重な授業を、熱心に集中して大切に受けるようになりました。

最後に、家に帰ってから勉強することをやめました。

受験生なのに家で勉強しないなんて！　と思われる方もいるかもしれませんが、予備校の自習室で、朝から集中して勉強しているため、家ではリラックスしてぼーっとしようと思ったのです。テレビを見たり、料理を作ったりと、のんびりすごすようになりました。おかげでリフレッシュができて、早起きしてまた頑張ろう！　と英気を養うことができました。

「あれも！　これも！」と手を広げることが、目的への近道ではありません。夜どおし机を前にしていても、ただそこにいるだけでは意味がない。たくさんカリスマ講師の授業を取っても、本当に集中した2コマにはおよばない。朝も夜も頑張るのではなく、メリハリとリラックスを大切にする。

これらの経験はいまでも、私の生活に、たくさんの示唆《しさ》を与えてくれます。
あなたの「あれもこれも」もこの週末の朝に一度、棚卸ししてみませんか？

新しい趣味・目標は週末にやってくる

朝は、社会人の資格試験などの勉強にも適した時間。連絡が入ったり、人に話しかけられたり、誰かのＳＮＳが更新されたりすることがないので、徹底的に集中できます。

自己実現のためにたくさんの資格を取る人は、よく「資格マニア」と揶揄《やゆ》されます。じつは私も資格マニアでした。

きき酒師、酒匠《さかしょう》（きき酒師の上位資格）、ワインエキスパート、チーズプロフェッショナル、パン教師師範、マクロビオティック師範……と、食にまつわる資格をたくさん取得しました。料理研究家になりたいと思っていた時期があったからです。

でも、どこをどう進んでいけば料理研究家になれるかがわからず、とりあえず興味のおもむくままに、朝の時間を使ってさまざまな試験勉強をし、「食」にかんする資格を取りまくりました。

これらの資格は、公認会計士や弁護士などといった国が認める公的な資格ではないため、取得してもキャリアとみなされることが少なく、転職するときに履歴書に書いてもまったくといっていいほど効力を発揮しません。でも、**一つひとつの資格をクリアしていく達成感を味わうことができるので、やればできるという自信をつけることができた**のも事実です。

また、**一見ムダだと思えても必ず何かの機会に役立つ**ことを、私は実感してきました。一つ例をあげると私は独立してから、経営者の方や目上の方と会食する機会が増えました。ある程度立場が上の方は、ワイン、チーズにかんする知識が豊富で、「食」への好奇心が旺盛《おうせい》なことが多いのです。そんなとき、昔取得した資格が活きて、会話の取りかかりとして、グルメネタで場の雰囲気を円滑にすることもできました。

さらにいえば、料理の知識は、発想を広げたり、料理の段取りを身につけたりするのにも役立ちました。

週末に早起きすれば、ふだんは作らない料理にも挑戦することができます。「この料理をアジアふうにアレンジするには？」と考えるのは発想力の訓練になります。これを作るには、何を用意し、どんな順番で作業を組み立てていくのが効率がよいかを考えることは、段取り力につながります。つまり、「資格マニア」として一所懸命だった経験は、いますぐに直接役に立つことはなくてもなんらかの形で自分の血肉となっていることがわかったのです。

昨今は、せっかくの休みに「やることが何もない……」ことに悩んでいる人も多いのだとか。**朝の時間の使い方に迷ったら、少しでも自分が興味をもったものを、勉強するところから始める**のをおすすめします。たとえそれが、何の役に立つのかわからなくてもいいじゃないですか。必ずあとで、「ああ、これをやっていてよかったな」と思う日がくるはずです。

朝だから冷静に・客観的に考えられる

先ほどは、いつか役に立つかもしれない、というくらいの気持ちで取得する資格の話をしました。では、本気で仕事に資格を活かしたい、もしくは、やりたい仕事に就《つ》くときのために資格がほしい、そんな資格試験の勉強をするとき、心にとめておいていただきたいことがあります。

それは、資格試験合格が目的にならないように気をつけましょう、ということです。これは、私が「資格マニア」だったからこそわかったことです。数多く試験を受けているうちに、合格することがゴールとなってしまうと、将来が見えなくなってしまう場合があるのです。

一所懸命勉強にはげむのもいいですが、ときには週末の朝の静かな時間を使って、

「いま、頑張っている自分」と、「頑張った結果、きちんと結果を出している自分」の両方を見つめてみましょう。

○あなたは、いま取ろうとしている資格をもって、将来何をしたいのか？
○その資格で稼ごうとしているのか、それとも趣味のままでいいのか？
○その資格を取ったほかの人が、その後どの程度活躍しているのか？
○資格を取る前とあととで、どの程度の収入の増加が見込めるのか？

「自分の趣味の幅を広げる」とわりきって取る資格ならいいのですが、そうではなくて、いま自分が勤めている会社を辞めて、その道でやっていきたい。そう考えるのであれば、「資格を取る」をゴールとせず、「資格を取ったあとどうする」を、ぜひゴールにかかげてください。

将来について、ゆっくりじっくり考えられるのは、週末の朝の時間ならでは。平日だと朝に時間を取るのが難しかったり、自分の時間が確保できるのが夜以降ということになりがちですよね。

夜の時間は感情優位の時間。夜だと「どうせムリ」とネガティブになったり、「とにかく頑張るんだ」と視野がせまくなって現実をしっかり直視できないことでも、朝なら冷静に、客観的に考えることができます。

現実をまず見つめることこそ、朝の時間に行ないましょう。

「朝から一所懸命」の罠

「サンクコスト（埋没費用《まいぼつ》）」という言葉を聞いたことがありますか？　サンクコストとは、「手間や時間をかけたコスト（費用）のうち、回収できなくなった部分」のことをいいます。

頑張ったら頑張ったぶんだけ結果を出したいし、投資したものは回収したい。その気持ちはわからないでもないですが、「せっかくの投資が……」という気持ちに強く影響されすぎて、冷静な判断をくだせなくなっては、本末転倒です。

週末の勉強を続けているうちに「こんなにお金や時間をかけたんだから、結果を出さないともったいない」という気持ちにとらわれるようになったら、もしかしたら

「サンクコストの罠《わな》」にはまりかけている合図かもしれません。

先ほども述べたように、私はかつて、料理研究家として独立したいという気持ちをもっていました。

でもなぜか、レシピ本を出版したいのに、レシピを新しく考えるのが苦痛だったり、家で料理を作ることが楽しくなかったりしたのです。

そこで、あらためて深く考えた結果、じつは料理がそれほど好きではなかったということに気づいてしまいました。

大学時代から憧れの職業だった、料理研究家。

飲食にかかわる資格もたくさん取りました。

長年お金と時間をかけていたことがムダになるなんて、私の数年間はなんだったのだろう、ととてもショックでした。

ショックな気持ちをそのままにせず、そこでさらに深く分析してみると、じつは私は「料理」そのものよりも、「料理」という手段を通じて、人とかかわりたかったのだと気づきました。

料理は私が求めるコミュニケーションの一手段にすぎなかったのに、そこに気づかずに「料理のレシピ拡充」「料理についての知識のスキルアップ」ばかりやっていたから苦しかったのです。


ここまで分析しきると、スッパリと料理の道をあきらめることができました。なぜなら、人とかかわること、コミュニケーションを築くことで自分の考えを聞いてもらうツールは、「料理」だけではないからです。


いま仕事としている「コンサルティング」や「講演・執筆・研修」もコミュニケーションの手段です。

つまり、私にとって「料理」といまの仕事は、本質的には一緒なのです。

これがわかっただけで、気持ちがとてもラクになり「これ以上、食関連の資格を取るのはやめよう」と、きっぱりとあきらめることができました。そして、食関連の資格勉強をやめた余白で、コミュニケーション関連の勉強を始めることができるようになりました。

かつての私のように、**なんとなくモヤモヤしていることがあったら、一度腰をすえて、「目的」と「手段」がゴッチャになっていないか、週末の朝に分析**してみてはいかがでしょうか。

もしかしてあなたの夢は「ケーキ屋さん」ではなくて「デザイナー」かもしれませんよ。

この「朝勉」なら休日にやる意味がある

朝は、時間があるからといって、教科書や参考書をひたすら読む、暗記したいことを口でぶつぶつくり返す、といった単調な詰め込み作業は眠くなるのでおすすめしません。

せっかく週末の気持ちがいい朝なのですから、しっかりと頭を働かせて、手を動かす、創造的な作業がともなう勉強にしたいですね。

脳科学者の茂木健一郎氏は『脳を活かす勉強法』（ＰＨＰ文庫）のなかで、「脳を最大限に活用するには、夜よりも朝が効果的」と書いています。

眠っている間に前日までの未整理の記憶が整理されるので、朝は脳がクリアな状態。せっかくクリエイティブな作業に適した時間に、いつでもできる単調作業をくり返すのはもったいない話です。

私の場合は、大学受験勉強のときも、趣味の資格試験勉強のときも、朝の時間を「オリジナル受験ノート」作成の時間にあてていました。教科書をもとに、問題集を自分で作るのです。

自分で考えて問題集を作るのは、いい頭の体操になります。頭をフル回転させるため、眠くなることもなくなります。

具体的には、次の2つを行なっていました。

1 教科書の文章を自分なりに簡潔にまとめる（まとめる作業で頭を使う）

2 まとめた文章のなかで、覚えたい単語を虫食い状態にする（覚えたい単語を赤でマーキングして、緑の透明シートを乗せると見えなくなるようにする）

教科書をまとめるのは、箇条書きでもOKです。自分なりにまとめるという工程で、内容を一度かみ砕《くだ》くことができるので、ただ暗記するよりも頭に入ってきます。

単語を虫食いにする場合は、たとえばチーズの製法（フレッシュ・ハード・ウォッシュ・白カビなど）の違いや、製法の手順で出てくる地名などを実際に地図を描いて、地名を赤字にしていました。

週末の朝でこれを作ってしまえば、あとは勉強がスムーズにはかどります。また、平日の電車の移動中や休憩中などのスキマ時間を活用して勉強することもできます。暗記タイムの素材となるものを、クリエイティブな時間に作っておくのです。

ちょっとしたスキマ時間にできることを、朝のうちにしっかり準備しておく。そうすると、勉強にも効果的だし、何よりも精神が安定します。

ただがむしゃらに頑張るだけでは不安ですが、自分で自分の勉強をコントロールしている感覚がもてるのです。脳の特性や身体の仕組みをうまく使い、「黄金の時間」である朝を、ぜひ有効活用してみてくださいね。

目標は「1週間単位」で

勉強は三日坊主では身につきません。理想形は毎日コツコツと続けることです。
しかし、半年から1年単位の長期目標を立てて、継続して勉強しよう！　と心に決めても、先が長いとついつい息切れしてしまいます。

そんなときは、**1週間単位でクリアできる目標を設定すると、「とりあえず1週間頑張ろう」という気持ちになれる**のでおすすめです。その目標を、1週間の始まりとして土曜日の朝に立ててほしいのです。

目標設定をするとき、覚えておいてほしいステップが3つあります。

1　1週間単位で

2　数字で見えて

3　頑張れば1週間のうち5日でクリアできる（つまり2日はサボってもOK）分量の目標を立てる

たとえば1カ月後の試験のために、「毎日きっちりと早起きして、1日10ページ×30日で、300ページの問題集を解く」といった計画を立ててしまうと、たった1日でも早起きに失敗したら計画が狂ってしまうため、ダメージが大きく、気力も低下してしまいます。

ところが、「1週間のうち、平日は12～15ページぐらい勉強する日にして、土日は予定どおりいかなかったときの余白の日として取っておく。あるいは、平日のうちに勉強したことがしっかりと身についているかチェックする」と考えると気がラクになりますよね。

この手法は勉強に限らず、運動などの、コツコツと積み上げる系の目標に効果を発揮します。

私は、子どもが生まれる前は毎年一度、フルマラソンのレースに参加することにしていたのですが、かつては走っている間に、42・195キロのうちの10キロまでくると、「わーまだ、30キロ以上もあるのか……」とつらくなっていました。でも、42・195キロを、だいたい10キロ単位のブロックとしてとらえてみると、10キロ走ったときには、「4分の1は制覇《せいは》した！」と、なんとなく前向きな気分になれるのです。子どもも大きくなってきたので、もうすぐ親子ランを始めようと思っています。

まるまる全体ではなく、分割して計画してみましょう。大きすぎる全体像も、ブロックに分けることで少し気持ちがラクになります。

「朝いちばんのカフェ」の最高活用法

私の朝の習慣の一つは、「早朝読書」です。**開店直後のカフェで、ゆっくり本を読むの**は至福の時間です。勉強をしている方は参考書を読むことが多いかもしれませんが、ときには息抜きとして、まったく関係のない本を読んでみてもいいかもしれませんね。

週末の朝時間に、朝読書をするメリットは2つあります。

1　外部に中断されないから、集中できる

2　朝に得た知識を、昼以降の時間ですぐ実践できる

1については、朝の効用として多くの方がおっしゃるとおりです。邪魔されないから集中力が高まる上、睡眠によって脳内が整理ずみの状態なので、頭に本の内容が入りやすくなっているはずです。

1も、もちろん大切ですが、じつは私がよりメリットを感じているのは2のほうです。

夜、本を読んでいて、「へぇー、なるほど。試してみよう」と思っても、ひと晩寝ると何を試すのか忘れてしまうことってありませんか？　一応メモを取ってみても、そのメモ自体をなくしてしまったり……。

週末の朝に読書をすると、「試してみよう！」と思ったことを、その日のうちにすぐに実践できるようになるのです。「鉄は熱いうちに打て」とはよくいったもの。知識を得てからブランクを入れず、すぐに行動に移すことで、さまざまなスキルアップのチャンスが広がります。

これは何も実用書に限ったことではありません。たとえば、**読んだ雑誌におすすめのランチ情報が載《の》っていたら、今日のランチはそこにしようと行動に移すことができ**

ますよね。そんな些細《ささい》なことでもいいのです。

そういった小さな行動の一つひとつが、自信や達成感につながり、日曜日の最後に「いい休日をすごせた！」と満足して翌週を迎えることができるのです。

「いつか行こう」じゃなくて、「今日行こう」と決めることができるのが、「週末朝読書」の最大の魅力。また新たなお店情報のストックが増えるし、決めたことを実行できた気持ちよさまで味わえますよ。

モチベーションが上がる「朝の呪文」

頑張りすぎて気が抜けない人は、考えても仕方がないことで「心配の先まわり」をしてしまい、その心配のせいでまた不安が増すというスパイラルにはまっている場合が多いようです。とくに、試験本番など、ここいちばんの大舞台で失敗しがちな人は、大舞台だからこそ力を抜くための工夫が必要です。

私も昔、ついつい頑張りすぎて、心がポキンと折れてしまいそうになるときがありました。

そんなときの私の、とっておきの朝の呪文《じゅもん》は**「きらぐにいげ〜」**。これは、出身の福島県に住んでいる父の言葉です。「きらぐにいげ＝気楽にいけ」という意味です。

19歳の冬、大学受験に二度失敗。三度めの正直でもうあとがない！　と、ガチガチに肩に力が入っていた受験当日の朝、父から「きらぐにいげ〜。おまえはいつも緊張して、本番で力を出せないから」と電話がきました。そのおかげで、ふっと肩の力が抜けたのです。

いままでブルブル震えていたのが別人だったかのように、不思議と気持ちが落ち着き、おだやかな心境で、問題をスルスル解いている自分がいました。

これだけ頑張ったんだから、もう何があっても悔《く》いはない、と思えるくらいスッキリと気持ちよく試験を終え、無事志望校に合格することもできました。

心配を先まわりしたところで、できることは何もありません。それよりは、頑張ったことに見合った結果が出ることを信じて、力を抜いて、本番にのぞみましょう。ふっと心に余白ができたとき、いつもの力がきっと出るはずです。

コラム4

「なんとなく」を見直す

「ゆでガエル現象」という言葉を知っていますか？　ゆるやかに温度が上がる水のなかにカエルを入れると、温度の変化に気づかないうちにゆであがって、死んでしまうという、ものの例えなどで使われる表現です。
人や組織もゆっくりした環境の変化には気がつきにくく、気づいたら致命的な状況にいたって、逃げられなくなっていた。そんなときこそ、まさに使われる隠喩《いんゆ》でしょう。

「いつもやっているから」
「あたりまえでしょ」
「そういうことになっている」

こんな言葉が自然と口から出てきたら、もしかしたら「ゆでガエル」の思考に陥っているサインかもしれません。

朝は、「なんとなく」でやりすごしていることを、あらためて見直すことができる大切な時間です。

夜は、昼間に頭を酷使《こくし》して疲れているので、自分の行動を振り返るのはしんどいですよね。だから私は、頑張った自分を夜は解放して、何も考えずにパーッとリラックスするようにしています。その代わり朝は、ふだんは考えるのがめんどうくさくなっているることや、あたりまえすぎて考えることすらしなかったことを、腰をすえて振り返る時間にするのです。

整理整頓の例で考えてみましょう。そもそもどうして整理するのかというと、モノを見つけやすくするためですよね。つまり、モノを見つけやすくする、という目的が達成できれば、じつは整理する必要はないのかもしれません。

たとえば、デスクトップがちらかっていても、自分さえ見つけやすい名前をつけておけばそれで問題なし——というのが、朝の発想です。ところが、整理すること自体がゴールになってしまうと、いかにキレイに整理するかにこだわり、かえってモノが見つけづらくなってしまう！　これが、疲れた夜にやりがちな行動です。

このような、「そもそも」の部分を、朝の時間で探ってみませんか？
簡単なことからで大丈夫。朝、支度をする手順は、なんとなくやっているけど、はたして何が本当に必要かな？　そんなふうに立ち止まることで、毎日が少しずつよくなるかもしれません。

「大ゴール」と「小ゴール」

いまの仕事をこのまま続けていていいのだろうか……。
まわりの人たちは大好きなことを仕事にできているのに、私はできていない……。
と、ふと不安になるときがあるかもしれませんね。

私は、いま好きなことを楽しくやって結果を出している人は、そこにいたるプロセスのなかで、次の2つの経験をしているのではないかと思います。

○このままではダメだ、という健全な危機感を覚えたことがある
○いま、目の前の仕事を一所懸命やりきる素直さをつちかってきた

つまり、いま楽しい人だって、最初から楽しいわけではなく、あせったり、がまんしたりして、じわじわと楽しさを育てていったのではないのかなと思うのです。夢中になってできる仕事を最初から探すのではなく、いまの仕事をまずは夢中になってやってみる。そのためには、つらいことも楽しく思考転換する力が欠かせません。

「大好きなことを仕事に」
「自由に生きたい」

声に出さなくてもそう思っている人は多いし、実際に大好きな仕事をして、自由に

生きている人はたくさんいます。私のまわりにも多いです。でも、そこにいたるまでのプロセスで、ずーっと、最初から大好きなことを自由にやってきたという人は、一部の天才や運がよい人を除き、ほとんどいません。

大きなゴールが「大好きなこと」でも、そのプロセスには「大好きでないこと」が混じっています。ここを見落としてしまうと、いつまでも青い鳥を追いかけて何も結果を出せない人になってしまう、私はそう思います。そこにいち早く気づいて、「わー！　このままじゃ私やばい！」と本気で思い、つらいことも楽しく思考転換しながら努力すれば、ものすごい力が発揮できるのです。

朝の余白を使って、大好きなことをするために必要な「大好きでないこと」を、いかに楽しく続けられるかを考えてみましょう。

5章

週末朝活で新しい出会い

人間関係はもっと自由でいい

週末の朝は「つながらない練習」をしてみよう

いまはＳＮＳの「公開」ボタンを押すだけで、誰でも気軽に考えを発信できる時代です。発信するハードルは低くなりましたが、声を発さずともパソコンやスマホでメッセージを送ることができるため、ときには平日の仕事中、向かいの席の人ともメールでやり取りしてしまい、これって意味があるの？　心が通っているの？　と疑問に思うこともあるでしょう。

ひとりきりですごす休日やさびしい夜など、直接人と会うことがなくてもふれ合いを感じることができるのは素晴らしいことですが、いくら絵文字やスタンプなどを使って感情をもり込んでも、文字コミュニケーションには限界があります。

人によっては冗談を冗談と受け止めてもらえなかったり、好意で発した言葉が理解してもらえなかったり、文章の一部だけを切り取られて広まってしまったりと、いろいろ誤解も多いことでしょう。

いまのように、いつでもどこでも誰かとつながっているような時代においては、**「いかにつながるか」より、「いかにつながらないか」を考えることが大事になってきています。**

私が長年、朝の時間を大事にしていてよかったなあ、と思うことは、一定の時間「ひとり」になれることです。周囲が何を思っているか、ほかの人が何をやっているか、などということはわきに置いておいて、ひとりで、自分のありのままの気持ちと向き合う時間を定期的に取れていることをありがたく思っています。

ネットが仕事では欠かせないインフラになっているいま、ほうっておいてもメールなどのデジタルツールで自動的に人とつながってしまいます。そんな時代だからこそ、あえて朝の時間は自分とつながってみませんか？　あわただしくすぎる毎日のなか、ひとり静かに自分と向き合う時間を、週末の朝で確保してみましょう。

自分自身を「ひとりじめ」してみよう

「アクティブレスト」という言葉を聞いたことがありますか？　もともとスポーツの世界でよく使われていた言葉です。激しいスポーツのあとに休養する際、身体をいっさい動かさずに数日間休むよりは、かえって毎日身体を軽く動かしたほうが、疲労回復につながるという考え方です。

ここから派生して、疲れたからといって家でごろごろして週末をすごしてしまうよりは、土日は外に出て活動的にすごしたほうがかえってリフレッシュできる。そういう意味で「アクティブレスト」を使うこともあります。動いているのに休んでいる、という視点がおもしろいな、と思いました。

この言葉を知ったとき、私にとっての週末の朝は「アクティブ孤独」だなと感じました。ひとりで心静かにすごす朝時間をもちながら、ゆるく外とつながっている気がするからです。

ここでいう「ゆるくつながる」は、ネットなどでつながっているという意味ではありません。

朝の時間に自分自身の本当の気持ちを分析し、昼以降の人間関係に活かしていくことが「ゆるくつながる」ということです。ひとりの時間を使って、仲間と一緒に行動するための準備をしている状態なのです。

黙々と実行する地味なひとり活動だった「早起き」ですが、いまでは「朝活」という言葉の広がりにより、週末の朝時間を活用して待ち合わせて勉強したり、朝食会を開いたり、セミナーを受けたりと、ひとりで行なうのではないアクティブな活動としても認識されるようになりました。

もちろん、こういった、ふだんは出会えない人たちと楽しく交流するのもよいことですが、ひとりでじっくり自分と向き合い、「考えをまとめて外に出ていく準備」としての朝活もアクティブな活動なのではないでしょうか。

あわただしい日々のなかでも、自分を取り戻し、相手とのかかわり方を考える時間を大切にしましょう。

そういった時間をいちばんもちやすいのは週末の朝です。

孤独な時間があってこそ、まわりのことにも目が向けられるようになります。アクティブ孤独によって、あらためて、周囲の人たちにどれだけ助けられているかにも気づくかもしれませんよ。

「ひとり時間」と「誰かとの時間」の上手な分け方

私は、脳や身体の動きに合わせ、**「朝はひとり時間」「夜はみんな時間」**という言葉で、時間の使い方を分けることを提案しています。

朝は、前日までの情報が睡眠によって整理され、頭がスッキリしてクリアな状態なので、物事をじっくり考える「ひとり時間」に向いています。逆に夜は、1日のさまざまな情報にさらされていて頭が疲れ、ストレスもたまっています。ですから、深く考えたりするよりも外に向かって発散して楽しむような「みんな時間」をすごすのに適しています。

この特性を活かすと、英語の勉強一つとっても、こんなふうに工夫することができます。

○**朝は、英語のオーディオブック**を聞いたり、問題集を作ったり解いたりする
○**夜は、外国人が多くいるバー**に飲みに行き、「みんな時間」で英会話を楽しむ

ほかにも、朝と夜の違いを活かして、それぞれ次のような活動をおすすめします。

〈朝のひとり時間〉
○勉強するならたんなる丸暗記ではなく、頭を使って考える学習をする
○前日の反省を淡々とノートに書き出して冷静な頭で考える
○頭のモヤモヤをノートや手帳に書き出して整理する

〈夜のみんな時間〉
○料理教室、パン教室など、先生と生徒同士の交流があり、食事が楽しめる教室
○ダンス教室やゴスペル教室など、身体を動かしたり声を出したりすることでストレス発散

○映画鑑賞、ミュージカルなど、終わったあとで感想を交換し合うことができるイベント

このように、「ひとり時間」と「みんな時間」でメリハリをつけていくと、朝だけでなく週末全体が、達成感と充実感に満ちあふれたものになりますよ。

ちょっと「イライラ」「モヤモヤ」しそうになったら

週末朝の自分時間をふだんから大切にしていると、ほかの誰かの時間の使い方にも寛容《かんよう》になれる気がしています。

なぜなら、たとえば誰かが待ち合わせに遅れてきたとき、相手の事情についても想像を巡らせることができますし、**朝の時間で考えた「空きができたらこれをしよう」というリストがあるので、待ち時間を有効に使うことができる**からです。

以前の私は、「遅刻する人＝自己管理ができていない人」と思っていました。どんな理由であれ遅刻する人には厳しく接し、表向きはニコニコしていてもじつは軽蔑《けいべつ》していました。「こうであらねばならない」という考えにギチギチに縛られていたのです。しかし、ある日、自分が遅刻してしまったとき、はっとしました。相手の立場に立って物事をとらえる視点が私には欠けていたかもしれないと。

そのときは、遅刻しないようにいつものように、30分前に待ち合わせ場所の最寄り駅に着いていたにもかかわらず遅刻してしまったのです。理由は、まだまだ余裕があると思って近場のカフェで仕事をしていたら、ノってきてしまって時間がたつのを忘れてしまったからでした。

気づいたら約束の時間ぎりぎり。そんなときに限ってスマホの地図アプリがうまく起動せず、近くまで着いたはずなのに場所がわからずにウロウロ……間に合うはずの約束に遅刻してしまいました。参加者のひとりである私の遅刻のせいで、セミナーは定時から10分遅れてのスタートになってしまったのです。

大勢が参加するセミナーだったので、私の事情などを誰かに釈明することもできず、ただ「遅刻してセミナーの開始を遅らせた張本人」として周囲に記憶されることになりました。

この経験を機に、何がなんでも遅刻はNGという、かたくなな考え方を手放すことができました。人間だもの、どうしようもない理由もあるし、ついうっかりというときもあるよねと思うと、相手にも寛容になることができるようになったのです。

また、相手に寛容になれたのは、自分が失敗したからばかりではありません。つね日ごろから、朝の余白で、時間の大切さや、使い方について考えているうちに、誰にだって時間は大切だし、ムダ使いなんてしたくないはずだ、と気がついたからでした。

大切な時間を、遅刻という残念な使い方に費《つい》やしてしまうなんて、きっと何か事情があるのだと思えるようになったのです。私を、相手の時間にまで思いいたるようにしてくれたのは、朝の余白でした。

「神様は見ているよ」の話

自分の境遇を嘆いて、「こんなに頑張っているのに、なぜ？」と人生を呪《のろ》うようなときも、長い人生のなかで一度や二度、あることでしょう。そんなときこそ心おだやかに、自分以外の存在に今後の展開をお任せし、自分は自分ができることを頑張ろう！　という考え方を取り入れてみましょう。

そうすると、将来のことや、過去のことに気持ちを乱されることなく、「いまここ」に集中することができるようになります。

私はこのことを、98歳で亡くなった夫の祖父から教わりました。

本当におだやかで、愚痴《ぐち》や悪口などをいっさい言わないおじいちゃんでした。福の神のようなニコニコ笑顔のおじいちゃんだったので、デイサービスの人たちにも人気があったそうです。おじいちゃんに会うと、いつも心がふわっとやわらかくなるのを感じていました。

お酒が大好きで、元気なころはよく一緒にお酒を飲みました。

口ぐせは「ありがとう」と「神様は見ているよ」でした。

最後の数カ月も、口を動かすためのリハビリの言葉に選んだのは「ありがとう」だったそうです。夫の母（義母）は何かつらいことがあったとき、おじいちゃんにその気持ちを吐き出すと、いつも「大丈夫、神様は見ているよ」と言ってくれたそうです。

じつは、おじいちゃんのお通夜、お葬式で夫の実家に戻っている最中、私には仕事でとても悔しく思う出来事がありました。自分の力がおよばないばかりにと、悔しくて悲しくて、涙が出てきました。

その話を義母にしたところ、「神様は見ているよ」の話になりました。

「つらいことが10あって、うれしいことが1あるのがこの世界。でも、つらいこと10を頑張ると、頑張ってよかったと思えるうれしいことが待っているんだよ。大丈夫、神様は見ているよ」

そう義母に言ってもらえたとき、重苦しい気持ちがすうっと軽くなるのを感じました。そして、「神様が、こいつはこれだけやっているんだから、いっちょ手を貸してやるか」と思ってくれるように、ただ粛々《しゅくしゅく》と目の前のことをやろう、と気持ちを切り換えることができました。

おじいちゃんは、亡くなる数日前から、夢うつつのなかで輝く天国のような世界を行き来しており、義母にその様子を語っていたそうです。

神様は本当にいると思います。私たちの行動は、よいものも悪いものも見られているんだなと思います。だからこそ、それに恥じない生き方をしなければ、と襟《えり》を正し、目の前のことに取り組もう。そうおじいちゃんから教えてもらいました。

金曜の夜を楽しんだあとで……

「私は朝型ですから！」と、会食や友人からの誘いを断るのはなかなか難しいものです。そういったつき合いが多い方は、早起きしたくてもどうしても自分にはできない、と思い込んでいませんか？

たしかに、金曜日の夜、飲み会で遅く帰ってきて午前1時に就寝した次の日に早起き、というのはムリな話。どんなときでも早起きをかたくなに守って「私は朝型だ」といったところで、眠さやだるさで肝心のワクワク感がなければ本末転倒です。

私はふだんは朝4時起きですが、飲み会で帰りが遅くなった翌朝は、さすがにそんなに早くは起きられません。

それでも、朝はだいたい5時とか6時に起きられるので、週末の朝活には支障をきたしません。

どうして飲み会の次の朝も早起きできるのかというと、次のような工夫をしているからです。

1　お酒を飲むのと同時に、お茶や水も摂ることで、酔いがまわりすぎるのを防ぐ
2　自ら幹事を引き受け、コース料理を注文して終了時間を管理する
3　早起きキャラをふだんからアピールしておく

お酒を頼むときは、なるべく一緒に水やお茶も頼むようにしましょう。

お酒と同量の水分を意識して摂るようにすると、悪酔いを防ぎ、判断力の低下も最小限におさえられます。

また、自分が飲み会の主催者になってしまうのも一つの手です。幹事なんてめんどうくさい、と思われがちですが、じつは飲み会の時間や内容を自由にコントロールできる立場。いつ終わるのかわからない飲み会にヤキモキするよりも、自分で時間を管理していたほうが、次の日の計画も立てやすいのです。

知人や友人たちに「早起きキャラ」を宣言してしまうのもいい方法です。一度宣言して周囲の理解を得てしまえば「あいつはそういうものだ」と自動的に思われるので、途中退席も気兼《きが》ねなくできるようになります。

お酒を飲んでも酔いにくくする工夫や、早く帰るための工夫は、考えればいくらでもあるものです。それはすなわち、金曜日の夜はおつき合いを楽しみ、その上で週末の夜を最高の形で迎えることができる、お得な方法といえるでしょう。

新しい週には新しい関係

私は、人間関係における「怖い」という気持ちは、「傷つきたくない」という気持ちと同義なのではないかと考えています。

週末の朝は、あえて見ないことにしていたことを、冷静な頭で分析できる貴重な時間です。もし、あなたが人間関係になんらかの怖さを感じているのなら、自分の「傷つきたくない」に目を向けて、どうして傷つきたくないのか、どうしたら傷ついても大丈夫と思えるようになるのかを分析してみてはいかがでしょう。人との接し方が変わってくるかもしれませんよ。

分析してみて、傷ついてもいいと思えるくらいの想いやメリット、情熱が自分にあることがわかったなら、思いきって一歩を踏み出せるようになります。

その相手がもし友人や知人なら、この週末のうちに、相手が職場の人であれば週明けにも、これまでがまんしてきたことを正直に打ち明けてみてはいかがでしょうか。

その結果、たとえ傷ついたとしても、考え抜いて踏み出した一歩に後悔はないはずです。逆にいうと、そこまで考えを深めていないから怖いのです。

だから、想いを「見すごす」ことなく、「見る」ことが大事なのではないかと私は考えています。

2018年より、人生の時間配分を分析し、取捨選択して本当に進みたい道に集中するためのコミュニティ「朝キャリ」を主宰《しゅさい》しています。

卒業生からは、希望の部署に異動が決まったり、異業種に転職が決まったり、やりたかったことができるようになったりという好意的な報告をいただいています。

私が受講生を見ていて思うのは、想いをしっかり見すえることができるようになると、顔つきが変わって行動も変わるということです。

たとえば、このままじゃイヤだとか、生まれ変わりたいと思っている人でも自分を分析していくと、じつは生まれ変わる必要なんてない、短所は長所の裏返しなんだと気づくことがあります。

「引っ込み思案《じあん》で人にうまく伝えることができない」「リーダーなのに後輩にうまく注意することができない」という悩みは、裏返すと「相手を傷つけてはいけない」といった深い配慮ができる人であるということです。

もともともっていることにすでに価値がある、そのように思えるようになるまで徹底的に考えるために、思考の邪魔が入らない朝の時間を活用してほしいのです。

自分がどう思っているかを周囲に発信しなければ、あなたの考えがただの思い込みか、そうでないかということにも気づきません。ですから、怖くても行動し、相手の反応から、思い込みの鎧《よろい》を解いていく必要があるのです。

行動した結果、思い込みや勘違いだと気がつき、思考回路がリセットされると、よい感じに考えが発酵熟成していきます。朝なら、「いっちょやってみるか！」と前に踏み出す勇気を出すことができます。あなたも朝に背中を押してもらいませんか？

じゅうぶんな準備もないときにいきなり質問されたり、急にトラブルの矛先《ほこさき》が自分に向けられたりしたとき、とっさに自分が発した「言い訳」や「心の口ぐせ」に自分のホンネが表われます。

私は昔、会議で質問されたとき、質問に答える前に「私は悪くありません!」と自分を守ってしまい、恥ずかしい思いをした記憶があります。会議は犯人を吊《つ》るし上げる場ではなく問題解決の場なのに、どうしてあんなことを言ってしまったんだろうと、いま思い出しても顔から火が出る思いがします。「あ、君に聞いてもムダだ」という顔をした相手の、その顔が忘れられません。

このように、とっさに発してしまった恥ずかしい言葉や心の口ぐせを、二度と口にしないよう、週末の朝の時間を使ってポジティブな言葉に言い換える訓練をしてみましょう。言葉一つで、自分が自分に感じる印象も相手に与える印象もガラリと変わります。

たとえば、「できない」と言ってしまったとたん、できる理由を探すことを自然にやめてしまいますよね。「できない」を「どうしたらいいか」と言い換えるだけで、アイデアは出てくるものです。

私の転換リストの一部をご紹介しましょう。

○「なんでこんなことしちゃったんだろう」「あのときこうすればよかったのに」
↓**「これからこうしよう」**
○「頼まれたけれど、まだ準備が足りないから断ろう」
↓**「頼まれたということは、いまそのチャンスだ！」**
○「あなたがこうすればよかったのに」
↓**「私が気づいていればよかったね」**

さらには、先週の1週間で「なんであんな言い方をしてしまったんだろう……」「もっとこうしておけばよかった……」という後悔があるのなら、忘れる前にストックしておいてはどうでしょうか。

そして、週末の朝時間で、前のページのようにどんどん転換リストを作っていくのです。

これを習慣にすると、たとえイヤな言い方をしたり、後ろ向きな考え方をしてしまったりすることがあっても、「ポジティブ転換のチャンス！」と前向きにとらえられるようになります。

また、そこで作った転換リストは必ず、次のあなたのとっさのひと言や考え方に反映されるはずですよ。

思いきって「朝クヨクヨ」をしてみると……

どうしてそんなにすぐ「ポジティブ思考」になれるのですか？　という質問をよくいただくので、コツを3つ紹介しましょう。

1　ネガティブなことがあまり大きくならないうちに、いったん小出しにして発散してしまう

2　悪いことのなかの「よかった探し」をする

3　「せい」を「おかげで」に言い換える

人間ですから、頭にきたり落ち込んだりすることがあります。でも怒りや落ち込みをぐっと心に押し込めてしまうと、あとで爆発してしまいます。

だから、ネガティブなことは紙や手帳に書き出したり、信頼できる家族に小出しにしたりして、私は怒りをため込まずに発散してしまうようにしています（ときにサンドバッグ代わりになる家族には申しわけないですが……）。

とくにおすすめは、先に何度か述べているように、「朝クヨクヨする」ことです。朝、前日にあったイヤなことを書き出してみると、たいしてクヨクヨする必要がなかったことだと気づくことができます。そのあとで、「その悪いことのなかでもよかったことはなんだろうか？」と考えると、少しは思い当たることがあるはずです。

たとえば、自分があたためていたアイデアを、誰かに先に提案されてしまい採用が決まった。そんなときには「あの人のせいで、私は報われなかった」と考えがちですが――「あのときほかの人に先を越されたおかげで、自分のアイデアが、わりといい線いっていることがわかった」「もじもじしないで、早く自分のやっていることをアピールしたほうがいいんだ」と、思考を転換することができます。

いつもこの3点を心がけて意識するようにすると、だんだんとポジティブ言葉が得意になっていきますよ。

「新しい自分」で月曜日を始めるために

「上司が自分の仕事ぶりを評価してくれない」
「家族が自分の夢に理解を示してくれない」
「進めたいプロジェクトがあるのに、まわりが協力してくれなくて、自分にばかり負担がかかっている」

こんなふうに悩んでしまうこと、ありますよね。私ももちろんありましたし、いまもときどきあります。

でもわかってもらおうとする努力をせずに、「わかってくれる人にはわかってもらえているから、まわりは気にしない」と自分をなぐさめたり、「誰も私のことをわかるはずがない」とふてくされるのは、傲慢《ごうまん》なんじゃないかとあるとき気づきました。

それからは、わかってもらえるように伝え方を工夫したり、考えをまとめることに気持ちを集中させることができるようになりました。

「ちゃんと察《さつ》してよ！」「ふつうはこう言えばわかるでしょ！」……そんなふうに**周囲を責めてしまいそうになったときは、冷静にノートにいろいろと書き出してみましょう。**週末の朝の時間を活用すると、感情にフォーカスせず、事実にフォーカスできるのでおすすめです。

たとえば、こんなふうに自分に問いを立てます。

○察してくれなかった理由はなんだったのだろうか
○そもそも「察する」ってどういうことなのだろうか
○自分が言った言葉は、どのように相手に伝わったのだろうか
○それは、自分の意図と、どのくらいかけ離れたものだったのだろうか
○あのときどう伝えればわかってもらえたのだろうか

「アタマを整理し、ココロが変われば、ミライは動く」

これが私の持論です。ココロを変えよう、変えようと一所懸命になればなるほど、かたくなになります。

まずはありのままのココロを吐き出し、整理できれば自然にココロが変わり、ミライは動き出すのです。モヤモヤはきちんとノートに書いて「見える化」すれば、たいていのことは解決しますよ。

コラム5

やり残しは「戦略的先送り」と言い換えよう

仕事に取りかかる前に、リストを作る方も多いのではないでしょうか。すべきことが終わったあと、リストのふせんをはがしたり、書き込みを斜線でつぶしたりすると、ものすごく達成感がありますよね。一方で、リストを全部消せなかった自分に、ちょっとだけ残念な気持ちになることはありませんか？

残念な気持ちになるのは、「やり残した感」があるからです。

私は「やり残し」という言葉こそが、「自分は意志薄弱《はくじゃく》だ」と落ち込ませる犯人なのではないかと思うのです。

だったら、いっそのこと「やり残し」という言葉はやめて、「戦略的先送り」と言い換えちゃいましょう！　もちろん、言葉を変えただけでは、ただのごまかしになってしまうので、気持ちの面から言い換えてみます。次のようにしてみましょう。

1　処理しきれなかった「やり残し」をあらためて書き出す

2　書き出したことのうち、いつも気になってはいるけど、結局いつもできていないことや、じつはやらなくても支障がなかったものを、スパッと手放してしまう

3　残った「やり残し」は、「明日にもち越しすべきもの」として認めて、これを新たに「戦略的先送り」としてリストにする

このステップをつくることにより、できなかった自分を責めるのではなく、「私は、自分の意志で、明日にもち越すことを選んだんだ！」と切り換えることができます。

なんとなくもち越してしまうと「やり残し」。

でも、これは重要だから先送りしたんだ、と決めれば「戦略的先送り」。

言葉の使いようで気持ちは大きく変わりますよ。

望まない夜更かしをしている人へ

私がプロデュースしている『朝活手帳』を愛用していただいている、東京都内の会社社長Mさんより、うれしいお話をうかがいました。

彼女は、昔から仕事が大好きでした。気づくと寝ないでずっと仕事をしてしまうので、ワーカホリックぎみの睡眠障害になってしまい、睡眠薬が手放せない生活を何年も送っていました。このままではよくないと、薬を飲み続ける習慣から卒業すべく一念発起。会社を部下に任せて、半年の間、精神科に入院して薬断ちをしました。

半年後、無事に退院できたのですが、薬を飲む習慣を手放したのと同時に、仕事への情熱もやる気も手放してしまいました。それから半年間、何も手につかず、生きることまで手放しかけたとき、『朝活手帳』を書店で見つけたそうです。「私に必要なのはこれだ!」と手に取り、活用することで人生が劇的に変わり始めたとお話ししてくれました。

それまでは、「1日1日、仕事が終わるまで寝てはいけない、とことんやりきっていない私はダメだ」と、自分を縛っていたせいで、睡眠不足や生活の乱れを引き起こしていたそうです。

そんなときに『朝活手帳』に出会い、「戦略的先送り」の考え方を知って、仕事を朝に残してもいいんだと気づいたそうです。それからは、やりきっていなくても、わりきって寝てしまっていい、夜更かしして詰め込むより、仕事は朝にまわせばいい、ときちんと睡眠を取るようになりました。

さらに、早起きでいったん頭がリセットされて、生産性向上、心身ともに健《すこ》やかになっていくことを実感したそうです。

「千恵さんのおかげで私の人生が変わりました。『朝活手帳』は人生を切り換える手帳です。この手帳は、日本のみならず世界中に広がるべきです」と、彼女は言ってくださいました。

私は、その話を聞き、うれし泣きしてしまいました。

Mさんのように、仕事や、ほかの何かに追い詰められてしまって、本当につらい思いをしている方が、「早起き」という、たったそれだけのことで人生を変えることができたのがうれしかったのです。

私は、朝型が絶対的に正しい、というつもりはありません。夜にしかできない仕事もありますし、遺伝的に生まれながらにして夜型だという人もいると聞きます。「私は夜型のままがいいんだ」という方を、無理に朝型に切り換えるべきだというつもりはないのです。

ただ、もし、**仕事が終わらない、残業が多すぎる、夜の断れないつき合いが多い、1日のうちにカタをつけないと気がすまない、などの理由で、「望まない夜更かし」をしている方がいるのであれば、朝型へシフトしてみませんか？** と提案したいと思っています。

私自身、「もう朝なんて一生こないのではないか」と思うくらいの絶望を感じたときには、いつも早起きが心の支えになってくれました。どんなにつらい夜でも、お日様は必ず昇ってきてくれて、「よし、頑張ろう!」と思うことができました。

そんな体験があるからこそ、私は自信をもっていえるのです。「朝型生活が人生を変える」と。いま、日本の自殺者は年間2万人強といわれています。望まない夜更かしをする人が減れば、心をすり減らす人も減ると、私は本気で信じています。

6章

週末朝活でちょっと非日常

「できたらいいなリスト」が実現

「非日常の大冒険」ができるチャンス

何気なくすぎてゆく1日。代わり映えしない毎日……。

「なんだかつまらないな」

「おもしろいことはないかな？」

そんなふうに思ってしまうときでも、じつは、たんにおもしろいことがたまたま目に入っていないだけで、周囲は新しい発見にあふれているのかもしれません。

週末こそ、日常ではできない体験、喜びを得たいものですね。

たとえば**「非日常の大冒険」をテーマとした週末朝活はいかがでしょうか。**

立場を変えてみるだけで、日々の生活がまったく違ったものに見えてきたりはしないでしょうか。

私の場合は、子どもが生まれてからは「小さい子どもを育てる母の立場」に変わりました。この立場で物事を見るようになった結果、近所の公園に向かうことでさえ、すべてが初めてのことで大冒険になることに気づきました。

家の近所にこんなに公園がたくさんあるなんて、子どもができるまでは知らなかったのです。公園や川沿いの階段の横には、必ずスロープがついていることなんて、ベビーカーを押さなければ気づきませんでした。初夏、ベビーカーで散歩すると、子どもは熱をもつアスファルトに近いため、日中は暑いから早朝のほうがよいということも気づきませんでした。

日常を非日常の大冒険にするための秘訣は、日々のあたりまえの発見のなかにあるのだな、としみじみ感じています。

ふだんは自分の職場の立場で物事を見るのに精いっぱいな方も、週末の朝の余白で「妻目線」「夫目線」「父母目線」など、さまざまな立場で広く物事を見てみると、新たな発見があるかもしれません。

朝起きだしてきた家族に、こんな「言葉のプレゼント」

日常が非日常になることとは、家族とのコミュニケーションでも同様です。

特別なことをしてもらったときは「ありがとう」を素直に言えると思いますが、よくこの言葉を意識してみると、じつは毎日の出来事は「ありがとう」であふれているものなのだな、と感じます。

ここで質問です。

あなたは昨日、家族に対して何回「ありがとう」を伝えましたか?

我が家では、お互い「ありがとう」を、朝から数えきれないくらい発しています。

○**ゴミ捨て**をしてくれてありがとう

○**哺乳瓶《ほにゅう》を洗ってくれて**ありがとう
○**洗濯物を干してくれて**ありがとう
○**シンクをきれいにしてくれて**ありがとう
○**いつも保育園の送り迎え**をありがとう、などなど

毎日、感謝の言葉を口に出すことの大切さを、私は夫から教わりました。夫は昔から、毎日いろいろなことに「ありがとう」と言ってくれるのです。

結婚当初は、「べつにいちいち言わなくてもいいのに」と思ったことが正直ありましたが、毎回毎回、同じことに変わらず「ありがとう」と言ってもらえることが、じつはうれしいことなんだとわかってからは、私も意識して夫に「ありがとう」を伝えるようになりました。

この言葉によって、「やってくれて当然」「あなたのやることでしょ」という思いにならず、いつも新鮮な感謝の気持ちがわいてくるようになりました。

毎日の家事や育児については、それぞれの家庭で、自然に役割分担がされていると

思います。

役割分担がだんだん決まってくると、自分の役割ではないことは「相手がやってあたりまえ」と思ってしまうことも往々にしてあるでしょう。パートナーの役割のはずのゴミ捨てが終わっていないと「なんでやってくれないの？」とイライラすることもあるかもしれません。

そんなときは、いつもやってもらえていることに「ありがとう」を欠かさない、そう心がけるだけで、イライラが消えますよ。

今日は疲れているのかな、少し手伝ってあげようかな、という気持ちにもなるはずです。

最初は照れくさいかもしれませんが、慣れてしまえば、これほど心おだやかになる魔法はないと感じています。

これまではあまり言ってこなかったかもしれない「ありがとう」も、この週末から始めてみませんか。

朝だからできる「ホッとメール」

夫婦間では、感謝の気持ちをお互い言い合うことが自然になった我が家ですが、じつをいうと私はまだ、両親に対しては素直に感謝の気持ちを伝えるのが苦手です。何十年もそんなことをしていないので、なんだか、いまさらな感じがして照れくさいと思ってしまうのです。

でも、子どもが生まれてからというもの、毎朝、孫の様子を両親にメールで送ることが日課となり、その延長線上で新たな技を発見しました。それは、**子どもの写真と一緒に、あたかも子どもが言っているかのように、ひらがなを多用して自分の気持ちをメールで送る**、というテクニックです。

「じいじばあば、けっこんきねんび、おめでとう。じいじばあばがけっこんしていなかったら、ぼくはうまれてなかったよ」
「じいじ、おたんじょうびおめでとう。からだにきをつけてね」
「ままが、〇〇って、いってるよ」

こうして、自分の言葉を子どもに託して、気持ちを伝えるようになってからは、子どもの近況に乗っかって、さりげなく私から両親への感謝の気持ちを伝えられるようになりました。

ちょっと邪道《じゃどう》かもしれませんが、こうして感謝の言葉を伝えられるようになったのは、私にとっては大きな進歩かもしれません。

両親と私との間には、これまですごしてきたいろいろな体験がぎっしり詰まっていたのですが、そこに、子どもという余白ができたということなのかもしれませんね。そのまっさらな余白に、感謝の気持ちを乗せることができるようになったのだと感じています。子どもをダシに使わなくてもいつか自然と感謝の言葉を口にできたらいいな、と思っています。

自分をラクにする「3倍の法則」

子どもが生まれて初めて熱を出したときのことは、いまでも強烈な思い出です。発熱時には原稿の締め切り、セミナー講習の準備などがあり、どうしよう！　と思ったのですが、夫の協力もあり、なんとか綱渡《つな》りで乗りきることができました。

そのとき思い知ったのは、「余裕がない」状態こそが人をイライラカリカリさせる原因だということです。パツパツに予定を詰め込んでいると、何か一つが狂うとすべてがどんどん狂います。でも、スキマを意図的につくっておくと、一つ狂ってもすべてがダメになるということはありません。

これは子育てに限らず、すべての状況にいえるのではないでしょうか。つまり、余裕がないからイライラすることになりますし、イライラしているから、いつまでたっても余裕ができないのです。

子どもの発熱の洗礼を受けたあと、私はしばらく「3倍の法則」で意図的に余裕をマネジメントしようと決めました。時間がない！　とあせるときこそあえて、「3倍」の基準で物事を考えるのです。

たとえば……

○原稿などの締め切りは、**「自分締め切り日」を3日早く設定**する
○**待ち合わせは、以前の3倍の時間前に向かう**ようにする
○練習が必要なものは、**以前の3倍の量を練習する**
○ふだんよりも**3倍、時間に余裕をもった予定**を組む

逆に、「3倍の法則」でもあふれてしまう仕事や家事は、どこかで効率化できないか？　ムダな動きをしていないか？　と精査するようになりました。おかげで、仕事量の見極め力と、短い時間で物事を進める集中力が身についてきたような気がします。

余裕がないと、イライラカリカリのスパイラルに陥り、ますます余裕がなくなって

しまいます。すると、うまくいくものもいかなくなってしまいますよね。

まだまだ試行錯誤中ですが、余裕がないと思ったら「3倍の法則」を意識してみると、心理的にもラクになりますよ。「いまでもパツパツなのに、3倍なんてムリ！」と思うかもしれませんが、結局は、この法則をあてはめたほうがラクなのだというのが、私の実感です。

忙しい休日の「できたらいいな」リスト

子育て中など、なかなか思うように時間が取れないなかでも、やっぱり自分の時間がほしい！　という方は多いでしょう。

夜、寝かしつけたあとに自分の時間をつくろう、そう思っても、子どもは「早く寝ろ」オーラにとても敏感。

「寝ろ～寝ろ～」と思えば思うほど、寝かしつけに時間がかかってしまい、結局、時間がつくれなかった、とストレスになってしまうママも多いと思います。

そんな状況のときに、無理に早起きをしてもつらいだけです。寝不足なのに早起きをして、予定は立ててみたけれど総崩れとなっては、それがまたストレスになってしまいますよね。

これは子育てだけに限りません。

自分自身の体調不良など、早起きをしたくてもできない要因は、じつはたくさんあります。

そんなときに考えることは、「朝、何がなんでもしなければならないリスト」をつくって頑張って起きる！　ことではありません。

おすすめは、**「できなくてもまぁ支障はないけど、できたらもっといいな」をリスト化する**ということ。

「しなければならないリスト」だと、できなかったときの落ち込みが心に重くのしかかってきて、朝から「失敗した」という気持ちをひきずり、イライラカリカリしてしまいます。

だから、できなくても罪悪感が少なくて、できたらちょっとうれしいことを、一つずつリストアップするところから始めてみるのです。

たとえば、こんなリストはいかがでしょうか？

○**ビタミンたっぷりのフルーツ**を朝に摂る
○ゆっくり**シートパック**をしてお肌プリプリ
○**肩こりに効くストレッチ**をしてみる
○前の晩に買った美味しい**チョコレートを1粒、ゆっくり味わう**
○いつもお湯でとかす**インスタントコーヒーを、ホットミルクでとかしてカフェオレ**にしてみる

「ちょこっとうれしい」をリスト化して、「できた！」という達成感を積み上げてみましょう。

こんなささやかなことも、余白の使い方次第です。週末の朝がもっと楽しくなってきますよ。

予定どおりにいかないときは

子育てには予定どおりにいかないことが多くありますよね。また、かつての成功事例がそのまま通用しないのも子育て。これで寝かしつけられる！　あとは自分の時間だ！　という王道を見つけても、成長するにつれてまた王道が通じなくなり、試行錯誤が始まります。

まさしく乳児だったころの子どもは、体内時計ならぬ「胎内時計（？）」で母と時間を合わせていたせいか、毎朝4時ごろ目が覚めました。そこでミルクを飲めば朝7時くらいまでは寝てくれるので、私は朝4時〜7時の間、ひとりの時間をつくることができていました。

でも、ときにはミルクを飲み終えたあとも、目をランランと輝かせて「遊ぼうよ〜」と動きだすことも。こうなったら最後、「寝ろ寝ろオーラ」で無理に寝かしつけようとしても、子どもセンサーはとても敏感なので、絶対に寝てくれません。

予定どおりにいかない朝をストレスなくすごすコツは、「することリスト」の「プラン分け」をしておくことです。

子育てに限らないことですが、ストレスの原因の多くは「思いどおりにいかない」ことと、「決めたことができない」ことではないでしょうか。思いどおりにならないことにストレスがたまるのだから、思いどおりにいったときはこうする、いかない場合はこうすると、あらかじめプラン分けしておきましょう。

プランを分けて決めておけば、たとえ自分の時間が取れなくても、子どもと遊ぶという「自分で決めたプランを実行している」と思い直せます。それだけでもだいぶストレスは減りますよ。

私の場合は、100ページで紹介した睡眠時間の「松竹梅」の3パターンと同様、次のような感じでプラン分けしています。

○朝4時からそのまま7時まで寝てくれた場合
↓化粧や家事などもすべて終わらせ、残りの時間で新聞を読んだり、執筆や1日のプランをシミュレーションする
○起き出して遊ぼうとぐずった場合
↓そのまま子どもと思いっきり遊ぶ。子どもが寝始めたら一緒に寝ることも
○遊び疲れて子どもが寝た場合
↓化粧や家事を終わらせて子どもの起床に備える

プランを一つしか用意していないと「できた」「できなかった」の2択になりますが、プランを3パターン準備しておけば、どれか一つは決めたことを達成できるので、気持ちも落ち着きますよ。

おもしろいように時間が生まれる「時短アイデア」

早起きするには、まず、睡眠時間を確保しないといけませんよね。だから「時短」を心がけようとする方も多いことでしょう。私は常々、「時間管理とは『しない』を決めることだ」という話をしています。

「なんでも効率的に詰め込んで、あれもこれも要領よくやっていくこと」が時間管理と考えられがちですが、たとえ限られた時間であれもこれも一気にできるようになっても、それが自分の幸せにつながらなかったら意味がありません。

あれもこれもやるのではなく、あれとこれは「しない」と決めることが、たいへん重要となってきます。とはいえ、欲張りたい気持ちもわかります。あれもこれもが悪いわけではなく、あれもこれもで全部中途半端になってしまうことが問題なのです。

そこで、中途半端にならずに楽しく時短するための「ふせん」ワークをご紹介します。準備するのは、色違いのふせんを1かたまりずつ。ふせんに、

1　朝の時間、夜の時間で、自分がいつもしているルーチン作業

2　ホントはしたいと思っているのにできていないこと

これを、違う色で、それぞれにかかる所要時間を入れてどんどん書いていきます。ポイントは、「1ふせん＝1テーマ」をルールに、思いついたことをどんどん書いていくことです。

◎ルーチン作業の例

「朝食　20分」

「お風呂　30分」

「ブログを書く　30分」

「ネットを見る　1時間」など

◎**ホントはしたいと思っているのにできていないことの例**

「子どもと遊ぶ　30分」
「家族との食事　1時間」
「資格試験の勉強　1時間」
「ゆっくりスキンケア　30分」など

書き終えたら、いつもやっている作業と、ホントはしたいと思っているのにできていないことを、「同時に何かできないかな？」とまずは頭のなかでくっつけて、次に、実際にそのふせんをペタペタ貼り替えながら考えてみるのです。

すると、「お風呂に入りながら子どもと遊ぶ」とか、「スキンケアパックをしながらブログを書く」といったように、「ふだんしていること」と「やりたいこと」をくっつける発想の訓練になります。

2つのふせんがくっつけば、ふせん1つぶんだけスペースが空きますよね。それが、あなたのなかに新しく生まれた余白になるのです。

「10分でも早く起きられた」も立派な成果

子どもが生まれてからというもの、毎日のように写真を撮りまくっています。

毎日同じようなショットを何枚も撮るから、たぶん私たち家族以外の人が見たら「同じ表情ばっかり」だと思われるんだろうな、と思いつつも、夫婦そろってハイテンションで「かわいい、かわいい」と撮影をくり返しています。

そうして撮った写真を、朝、仕事を始める前や移動中の電車のなかでながめてはニヤニヤしています。時系列で見直すと、同じような写真でも、ちゃんと日々成長していて、表情も赤ちゃんから子どもに変わっているのがわかります。

日々成長する子どもを見て感じるのは、早起きで積み重ねた成長と、子どもの成長は似ているな、ということです。

赤ちゃんは、寝返りやハイハイ、お座りなど、昨日まったくできなかったことが突然今日できるようになったりします。でも、その成長は決して突然ではなくて、それまでの積み重ねにより、筋力がちょっとずつついてきたからこそ、昨日できなかったことが今日はできるようになるのです。

早起きも一緒です。明日から早起きをしよう！　と決めて、1日早起きに成功したからといって、何かが劇的に変わるわけではありません。でも、毎日の鍛錬《たんれん》は、必ず少しずつでも力になっているのです。

毎週末30分でもいいので、意識して朝の余白をつくり、平日にはできないことに取り組んだり考えたりすれば、1年後にはかなりの経験が積み上がります。自分が前に進んでいる感覚がいまいちつかめなくても、思いどおりにいかない日があったとしても、それでもちゃんと、進歩はしている。そう思ったら、早起きがさらに楽しいものに変わっていくのではないでしょうか。

おわりに

新しい自分は、いつも週末から生まれる

週末朝活は、

・思い立ったらすぐできて
・お金をかけずに始めることができて
・取捨選択力が身について
・自分に自信をもつことができる……

素晴らしい習慣です。

頭ではわかっていても、日々忙しくすごしていると、週末はとにかく休みたい、ゆっくり英気を養いたいと思いますよね。

朝活と聞くと、ストイックで自分に厳しくて、スケジュール詰め詰めで……私にはムリ！　そんな気持ちの方にも、朝活の楽しさを知っていただきたいと思いこの本をまとめました。

雑念に気を取られ、本来すべきことに集中できなくなったり、すぎた出来事にいつまでも落ち込んだりする状態は、朝の時間を整えることで、なだらかにおだやかになります。

まずは週末から、新しい世界をのぞいてみませんか？

最後までお読みくださり、ありがとうございました。

池田　千恵

本書は、ディスカヴァー・トゥエンティワンより刊行された『朝の余白で人生を変える』を、文庫収録にあたり加筆・改筆・再編集のうえ、改題したものです。

週末朝活《しゅうまつあさかつ》

著者　池田千恵（いけだ・ちえ）
発行者　押鐘太陽
発行所　株式会社三笠書房
〒102-0072 東京都千代田区飯田橋3-3-1
電話　03-5226-5734（営業部）03-5226-5731（編集部）
https://www.mikasashobo.co.jp
印刷　誠宏印刷
製本　若林製本工場

 ISBN978-4-8379-3046-4 C0130

王様文庫

王様文庫

龍神のすごい浄化術

SHINGO

龍神と仲良くなると、運気は爆上がり！　お金、仕事、人間関係……全部うまくいく龍神の浄化術を大公開。◎目が覚めたらすぐ、布団の中で龍にお願い！　◎考えすぎたときは、ドラゴンダンス！　◎龍の置物や絵に手を合わせて感謝する……☆最強浄化パワー、龍のお守りカード付き！

夜、眠る前に読むと心が「ほっ」とする50の物語

西沢泰生

「幸せになる人」は、「幸せになる話」を知っている。　○看護師さんの優しい気づかい　○アガりまくった男を救ったひと言　○お父さんの「勇気あるノー」　○人が一番「カッコいい」瞬間……〝大切なこと〟を思い出させてくれる50のストーリー。

ふしぎなくらい心の居心地がよくなる本

水島広子

最近、自分に何をしてあげていますか？　いいことは「求めすぎない」「受け容れる」ときに起こり始めます。　◎ヨガでも料理でも「今」に集中する時間を持つ　◎「勝った」「負けた」で考えない　◎誰かの話をただ聴いてあげる……いつもの日常をもっと居心地よく！

K30622